王千马　著

蓝狮子　策划

红星美凯龙
30年独家商业智慧

玩美

ZHEJIANG UNIVERSITY PRESS
浙江大学出版社

图书在版编目（CIP）数据

玩美：红星美凯龙30年独家商业智慧 / 王千马著
. —杭州：浙江大学出版社，2017.2
　ISBN 978-7-308-16620-1

　Ⅰ. ①玩… Ⅱ. ①王… Ⅲ. ①建筑装饰业—企业管理
—经验—中国 Ⅳ. ①F426.9

中国版本图书馆CIP数据核字(2016)第000361号

玩美：红星美凯龙30年独家商业智慧

王千马　著

策　　划	杭州蓝狮子文化创意股份有限公司
责任编辑	黄兆宁
责任校对	杨利军　李增基
出版发行	浙江大学出版社
	（杭州市天目山路148号　邮政编码 310007）
	（网址：http://www.zjupress.com）
排　　版	杭州林智广告有限公司
印　　刷	杭州钱江彩色印务有限公司
开　　本	710mm×1000mm　1/16
印　　张	10.5
彩　　插	2
字　　数	142千
版 印 次	2017年2月第1版　2017年2月第1次印刷
书　　号	ISBN 978-7-308-16620-1
定　　价	35.00元

红星美凯龙董事长车建新：家居业是个人生活的造型师，家居美学能够塑造个人的视野和品位。

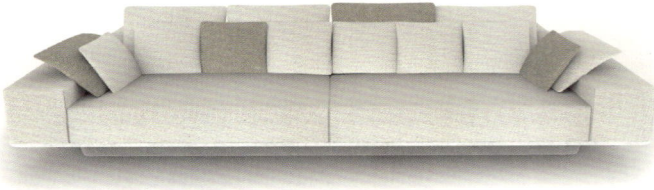

意大利著名家居设计师　Luca Nichetto 作品

我们设计师的工作就是思考如何创造些什么，然后把我们的构思、经验和设计视野分享给别人，像一颗石子，丢到湖里会溅起许多涟漪。器物传达给人以爱的感受，家是一个让你觉得受到保护的"窝"。

日本国际级平面设计大师　原研哉作品

所谓设计是为了发现事物的本质而采取的思考方式，夹藏在日常生活中的小发现，通常都会让人感到巨大的惊喜。

丹麦著名家具设计师
Christina Strand 作品

设计是一个被过度使用的字眼，每个人嘴上都挂着：设计、设计、设计。我们有一样的欲望、一样的需求，我们也有共同的梦想。我认为每个室内设计都有它的意义，而意义在于需要对的人来使用。

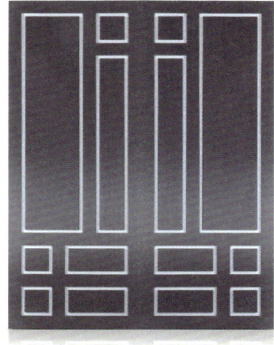

荷兰著名产品设计师　Jurgen Bey 作品

我认为设计是创造新的工具，让日常生活变得更好。我学到的东西比我付出的还多，我在乎的是如何去发现更好的生活。

日本著名建筑师　隈研吾作品

不是设计师在思考哲学，而是哲学家在做设计。我认为在日常生活中才有设计的灵感来源，跟做料理一样，不同的食材要切多大多细都要讲究。人的生活被分成工作、游玩、饮食不同的区块，自由度都几乎快要被摧毁。我非常想知道，中国人使用我所设计的家具有什么感想。

红星美凯龙全球家居生活广场

现代商业的美学启示录

秦朔

中国商业文明研究中心和

Chin@ Moments 发起人

一

经济学家和历史学家都已经证实，在从猿到人以及整个人类文明的进程中，绝大部分时间美学的发展都很慢，近似于一条水平的直线，只是到了最近几百年，才发生了持续的、复利式的发展。用马克思和恩格斯在《共产党宣言》中所说的，"资产阶级在它的不到一百年的阶级统治中所创造的生产力，比过去一切世代创造的全部生产力还要多，还要大。"

这种人类文明的发展，可以用 GDP、社会发展指数、能量消耗、人们接收的信息量等等方面来衡量。

为什么在最近两三百年里，经济增长与社会发展的速度奇峰突起？这方面已经有了太多的研究成果。比如，劳动分工与专业化，大大提升了生产效率；科技创新和新机器的应用，为经济带来了新动力；大量金融工具和金融市场的出现，可以通过将未来的现金流贴现到当期使用，从而极大地扩张了信用，进而扩大了消费和生产规模。而所有这一切的结果，是生产力被极大地创造出来，以前由能工巧匠为少数权贵阶层提供的产品和服务，一般大众也有机会享用。

经济学家熊彼特说，资本主义的成就通常不在于向女王们提供更多的长筒丝袜，而在于生产出让工厂女工们都能购买的足够多的长筒丝袜，资本主义的推进是"通过自身机制日益提高大多数人的生活水平"。这个经济民主主义的观念，也就是政治家们所说的，"不断满足人们日益增长的物质文化需要"，"让每个人生活得更美好"。

恩格斯曾这样谈论他的理想："我们谈的是为所有的人创造生活条件，以便每个人都能自由地发展他的人的本性。把社会组织成这样：使社会的每一个成员都能完全自由地发展和发挥他的全部才能和力量，并且不会因此而危及这个社会的基本条件。"

二

由上，我们大致可以这样理解近几百年的现代化进程——信息与知识的更快流动与分享，带来了越来越广泛的人们对于更好生活的向往；科技、金融、企业与企业家的共同作用，使得大规模的生产与消费变成可能。可以说，这是一个人们比以前任何时候都更了解美好生活、都更追求美好生活、都更能创造出美好生活的时代。没有什么是不可能的（nothing is impossible），只要你想。

在我看来，现代化的历史，就是一部美好生活的创造史、演进史。如果具体到经济生活中，现代化就是对"美"的"制造"，而且这个过程是不断升级、深化、升华的，其最终方向，是把一切人类可感之美——自然、艺术与思想，创造成产品和服务，创造成人们时时刻刻的生活。用 20 世纪 80 年代美国社会学大师丹尼尔·贝尔的话说，"经济正在转而生产那种由文化所展现的生活方式"。经济的发展，就是知识的不断深化，美学的不断深化，就是不断向上提升的"生活美学化"。

三

虽然"美学生活化"和"生活美学化"是大势所趋，但是不同行业的进化水平是有很大差异的。这里的一个关键是企业家的追求和引领作用的差异。

苹果公司现任 CEO 库克说："史蒂夫认为大部分人都生活在一个小箱子里面。这些人不觉得自己有什么影响力，或者是能够改变什么事物。这是一种被限制的生活。史蒂夫最不能接受这一点。这驱使他产生伟大的想法。他通过自己的行动，使公司内每一个人都不甘于接受现状。这种哲学在公司内部还产生了其他影响，首先就是对制造全球最佳产品近乎疯狂的追求。要打造出最好的产品，你必须拥有主要技术。现在科技行业对成功的定义就是'最多'，这是一种近乎病态的定义。史蒂夫的重点放在制造最佳产品上。当苹果要决定进入某个产品类别时，我们首先会提出这几个问题：这个产品类别后面的主要技术什么？我们能带来什么？在这个产品类别里面我们能否给社会做出巨大贡献？如果不能，如果我们没有关键技术，那么我们就不会涉足这个产品类别。"

乔布斯领导苹果成为全球市场价值最高的公司，而这个价值的根基，是不甘于接受现状、要疯狂地创造最佳、给社会做出巨大贡献的价值观。苹果用科技手段创造了美好生活。早在 2001 年 2 月 22 日东京举办的麦金塔展会上，他就表示，Mac can become the "digital hub" of our digital lifestyle, adding tremendous value to our other digital devices.（Mac 能够成为数字化生活的"数字中枢"，给我们其他的数字设备带来巨大价值。）今天，当我们清楚地看到智能手机已经成为生活中枢，连接起生活应用的方方面面，不能不感叹伟大的企业家的前瞻性和对我们生活的深刻影响。

四

《玩美》这本书讲述了红星美凯龙在"家居改变生活，创享家居之美"的道路上的探索，它既是中国家居产业发展史的一个侧影，也是中国消费者家居品味的价值认知的变化史。在这个让家居生活更美好的过程中，红星美凯龙是一个重要推手，今天它正向着"家居生活中枢"（living hub）的方向演进。

在阅读本书的过程中，我有两个小小的体会：

第一，商业的本质是价值的传递。买卖是一种交换行为，其背后是一种价值和承诺的传递。价值既是功能和消费者利益，更是文化、个性、趣味和美。

第二，从消费者角度看，红星美凯龙模式的本质是 Beauty 2 Business（B2B）和 Content 2 Customer（C2C），给商业注入美学，为消费者提供富有美学内涵的内容。这里的美，不是广告口号，是对世界艺术之美、设计之美的真诚探索，然后把大美融入商业，传达给消费者。

十多年前，我从广州迁居上海创办《第一财经日报》。一个偶然的机会，和红星美凯龙的创始人车建新先生相识。那时他正在公司推动"学习型组织"的建立，并专门向《第五项修炼——学习型组织的艺术与实践》的作者、麻省理工学院的彼得·圣吉教授请教，他的探索也得到了彼得·圣吉的肯定。

我因为读过这本书，也在《经济日报》发表过长篇书评，所以和他一见如故，自此见证了他个人和红星美凯龙的不断超越与发展。他对待学习的热忱，强烈的好奇心和天真，让他的心智模式（Mental Models）从未固化，而是常葆活力。乔布斯所说的"求知若饥，虚心若愚"（stay hungry, stay foolish）放在他的身上，真的非常合适。

我认同红星美凯龙对美、对美好生活的探求的执着，欣赏车建新先生永远在路上、永远鲜活的生命状态，所以写了上面的话，祝他们在创美人生、造福生活的路上，继续引领，继续创新，生生不息。

对美的追求永不停歇

徐熙媛

在家照顾孩子的间隙，把《玩美》的书稿浏览一通，居然吸引着我很快读完。这让我想起我和小 S 一起认识并结交的那些美凯龙的朋友们。风度翩翩，谦谦君子；温文尔雅，窈窕淑女——通过这本书，我更为深入地了解了这些朋友们，也深深地为他们所感动。他们，无疑是这些年来，一直为美的事业而努力付出、不懈追求的人；正是他们，像风一样，播撒美的种子，让美在更广阔的土壤里生根发芽，开花结果，使我们的生活变得更好。

而我想要说，人类对美的追求，从来未曾停歇，且将永不停歇。

从大的范围来说，美是人类文明的一部分；而从小的视野来看，美是每一个个体的追求。这种追求是天生的，更是自觉和积极的。

很多人都知道，我很爱美，这是真的。我是演艺圈里有名的"美容大王"！不过，我从来不避讳爱美这件事。我甚至不知道自己为了追美付出过多少，我只知道在追美的道路上，我积累了无数的经验与心得。前几年，我还写了好几本书，跟大家分享我的爱美心得，包括怎么瘦身，怎么保养头发，怎么解决面部难题，怎么美白等等。那些书后来都成了畅销书榜单前列的常客，长盛不衰。这也正好说明，事实上大家都有一颗追美、爱美的心。

吾道不孤呀。

回忆一下我从业以来接过的所有代言品牌，其中尤其以红星美凯龙，一个以家为本的企业，特别让我有感触。在生活中，我不仅爱家，而且恋家。尤其是有了孩子后，我觉得没有什么比"家"更重要的事情了。即便只是用简单的材料，花上半天时间，为女儿制作两个漂亮的发夹，那也是一件特别有爱、特别美好和幸福的事情。

我要把孩子们也打扮得帅气又美美的。

美其实是一件创造性的劳动。这个社会发展得太快，很多东西都是快消品，包括做电视，做娱乐，大家的心态也是很浮躁。这样的工业化流程就像一条生产线，源源不断地制造着毫无创造力的、粗糙鄙陋的产品。在家居行业，我看到很多工业化的产品，千篇一律，没有个性，更谈不上什么美感。

所以，当我看到红星美凯龙在这个方面的努力时，我感到很开心，更为服务于家具行业的原创力量而鼓掌喝彩。

木工其实是一门很需要匠心的技艺。最老、最好的木匠是鲁班，他为我们留下了多少巧夺天工的发明！鲁班，可以说是所有工匠的祖师爷。我天生对木头家具，以及古老的木制品很喜欢，对鲁班更是无比崇敬。鲁班留给我们的创造精神，是一份丰厚的精神遗产。在这一方面，红星美凯龙得其精髓，传承着，播种着，开拓着，前进着，留下一份份值得骄傲的成绩单，同时，还把中国原创力量的声音，扩散到全世界知道，这是多么的了不起！

在 "M. Home ：随寓而安" 艺术大展上，我和小 S 以及我们共同的好朋友——蔡康永一起出席了活动。那是一次盛大的艺术盛宴。我看了一下，有中、德、美、日、韩、瑞士等许多国家的艺术家出席，很多人都是世界知名的。那次，许多艺术品给我留下了非常深刻的印象。我们也都感到深深的惊讶，为什么由一个家居行业的企业来做这样一件艺术的事情，居然那般妥贴，那般自然！

一想，也就明了：做企业也好，做艺术也好，红星美凯龙不过是在做着同一件事——打造中国人的生活美学。

正如这本书的名字所揭示的那样，"玩美"。让我们一起努力，把"美"玩到极致。

目录

题记

从"美"到"美凯龙"，中间的催化剂，一定是审美。"审美太重要了！"不管何时，红星美凯龙董事长车建新都会毫不犹豫地脱口而出。

道理很简单，却未必人人皆懂。

如果一个人不懂得审美，就不可能注重形象，也不可能有高素质。一个人的素质、修养及品位是从审美开始的，幸福的更高境界也是从审美开始的。车建新发现，许多人不懂幸福，他们把吃饭、睡觉、玩、夫妻生活当成幸福。但这真的是幸福吗？这其实是基本层次上的需求吧。为什么他们常常把基本层次的需求当成人这辈子的最终追求呢？就是因为他们看不见美，发现不了美。"高境界的幸福应该是追求美，更高的层次就是品质之美、品味之美、艺术之美、文化之美和感觉之美。所以我现在提倡要多看艺术类的新闻，培养艺术感觉，这样可以促进和改善人的思维方式。"

事实上，学会审美，也是一个人品位提高的开始。"我现在就很注重审美与生活情趣的结合。譬如有次我在天目湖畔的度假村，用早餐时，我就一定要求服务员把餐桌摆到室外的湖边。喝着清醇的香茗，看着那晨光中静静的湖面，眼前真可堪称'天下第一景'啊！"

美无疑能陶冶情操，让你的生活充满着各种惊喜。但更重要的是，它往往与爱相连。当你在享受它的同时，一定会由衷地爱大自然，爱社会，爱朋友，爱工作，爱生活……反过来，大爱也就是大美。而它们，又组成了幸福的DNA。"不懂得爱中之美，是不幸福的，无法真正享受到人生的乐趣。"

在某种意义上，打造红星美凯龙，既是车建新审美的过程，更是他表达爱的途径。他希望这个世界，经由他的双手和智慧，变得更美好。这也是红星美凯龙所存在的意义和希望。

在中国各个零售领域，有着这样一个常见却又让人心生无奈的现象，那就是通常外资品牌给人的感觉比较高端，而国货则比较低端。

但也有一个例外，就是家居业。

宜家、百安居、家得宝等外资品牌都是中低端品牌，国民品牌红星美凯龙却站在了中高端的位置，而且其商场数量超过国内外资品牌商场数量的总和，超过行业第二和第三的总和。

这种超越既源于车建新对长辈"勤劳、俭朴、正直"的传承，也是其在"开放、包容"的心态下，学国际先进的连锁模式，学 Shopping Mall 的品牌团结，学习借鉴国际超市的经营思路、管理方式，学现代企业营销，并顺应国情，紧扣中国人的消费习惯、审美心理，在消化吸收中再创新的结果。但更重要的是，他修复了家居业在美上的根基。

自古以来，家居便如同衣服，是人生必不可少也是接触最频繁的"衣物"。它在让人安身（具有使用功能）的同时，也更多地承载着使用者的审美情趣乃至人生哲学，从而让人的生命变得更丰满（具有审美功能）——从精雕细琢的遗存木作，再到各地博物馆陈设的陶罐器皿，无不体现了古人对美的依恋和塑造。

这种美的历史厚度，是中国家居业独一无二的竞争力，也是红星美凯龙在美上的自我发现，乃至日后进行美学卡位的信心源泉。

这让车建新感慨："懂得审美是人进步的先决条件，反之，不懂审美的人也就永远无法进步。"对人如是，对企业亦如是。只是，要想获得正确的审美，却不是一个一蹴而就的过程，它需要不断地进步或提升。

在车建新这里，这种过程被定义为"先认定—再审定—再认定—再审定"，也就是说，一开始需要有一个在当时比较正确的认定，也就是先找到审美的着落点，"今天先认定了，明天、后天再进行提升"。

"比如说，当年我做第一套家具的时候，我就认为它是世界上最漂亮的，事实上它也确实受到了当时与我具有同样审美观的消费者的欢迎，很快就卖掉了；但接下来我又觉得还应该做得更漂亮，可以卖给更高层次的人，这说明我的审美进步了，于是我经过调整又做出了新的式样……也许要通过无数次的调整、确定、提高才能完善到位。"

正是在这种过程中，车建新收获了体验的智慧，并向自己的人生梦想逐步靠近：做大做强企业，成为一名学者，并当上一名绅士。

与此同时，红星美凯龙也逐渐打开自己的视野和格局，实现了"玩美"的进化。如果梳理一下红星美凯龙这三十载的风风雨雨，你一定会发现在纷繁的历史事件中，有着这样一条非常清晰的路径，或者说脉络：

从对自身形象的审美设计，到打造"现代主义精神下的生活场景"；
从"请进来"，到积极地走向世界，走向国际，让中国原创设计成为世界美学风潮中最重要的一员；
从"全球家居，品牌典范"，到"创享家居之美"，再到今天的"家，想怎么美，就怎么装"；
从服务于那些先富起来的群体，再到着眼于"不再仅仅关注价格，而是追求预算范围内最好的产品"的具有高审美的一代人……

总而言之，红星美凯龙努力通过对自身渠道美学、产品美学、品牌美学、市场美学等多个维度的打造，在实现"以提升国人居家品位为己任"这一愿景的同时，最终实现中国家居业的商业美学，从家居零售变为审美消费——

它希望，中国的家居业，能成为国人美学意识觉醒的新领域，能用自身特定的产品、特定的方式渗入每一位消费者的生活当中，在潜移默化中改变国人的生活方式。也希望，消费者在选择家居产品的过程中，也能完成一次与自我内心的对话，让它真切地告诉自己，"我是谁"。更希望，促进中国商业美学在全球范围内的复兴。

今天的中国，不仅是商业在复兴，与之同步的是人文主义的复兴。红星美凯龙将美学导入商业模式，将人文主义价值观赋予产品，通过创造高审美、全球化的生活方式，让人能够体验和感受每种风格背后的美学特质。

也许，这就是红星美凯龙成为中国家居流通业第一品牌的理由。也是其依旧孜孜不倦的追求！

前　言　中国商业美学的复兴

前　言　中国商业美学的复兴

1.

直到今天，车建新还念念不忘那次新疆之行。

从乌鲁木齐到库尔勒[1]。如果坐飞机的话，只要 45 分钟，但坐汽车的话，却要 5 个小时。他偏偏选择了后者。接待他的人说，路上没什么好看的，两边全是不毛之地的戈壁滩。

但他说，戈壁滩也好啊。

---

[1]　库尔勒市（Korla），新疆巴音郭楞蒙古自治州的首府，是丝绸之路上的咽喉要地，有谜一样的罗布泊和楼兰古城，以及油画般的草原、湖泊、林场。同时，它还是南北疆重要的交通枢纽和物资集散地。

果真，行进的途中，视线所及，啥也没有。除了石头，还是石头，但经过天山时，他突然感觉惊喜来了——这里不是火星吗？

日后，他在自己的作品《体验的智慧》[1]里这样记之述之：

> 这一刻，眼前那些不十分陡峭的小山坡，也不那么尖的山岩，伴随着一种快被烤焦的感觉……我顿时大呼："这就是火星！我们到了火星啦！"车速时慢时快，我顺着那个节奏又半躺下来，看着天空，看着岩石，更有穿行于火星的感觉，因为视线更集中，而把周围的公路等景物全都虚化掉了。

> 同时我在不断地联想：

> 其实这个地方可以说同火星是一样的，火星同地球也差不多，都在围着太阳转，只是地球多了氧气，多了云彩。不一样的只是温度与引力，其他肯定都一样……

> 我还联想到了天文学家曾经的观察、描述：埋在土星环里的都是冰块，与北极一般。其对火星表面一片贫瘠、荒凉的评价，真与我当时的体验产生共鸣啊！

---

[1]　《体验的智慧》，车建新、钱莊著，讲述了红星美凯龙董事长车建新 40 年人生感悟，15 年思考沉淀，是一部关于成长与生活的沉思录。

　　我对同行者叙述我的联想，他们说："车总你真会想。"

2.

这无疑是极大的褒奖，但不得不说，车建新得感谢自己当时的体验。

如果没有这种体验，他就不会产生这样的联想，同样也体会不了这种在其他地方没法感受的美。这不仅让他感叹，**体验真是个宝贝，不仅能让人获取现实生活中无法满足的东西，提升人在平凡生活中的智慧，更能帮助人充分利用自身各种感知能力和想象力，充分体验人生和世界的丰富性。**

所以，人生最幸福的事情，就是让心灵去旅行。读万卷书，行万里路。

这是他40多年来始终如一的坚持。他努力在自己的人生里，体验工作和生活，而且还在自己的事业中，致力于为他人创造体验的机会。他的所有目的，都是为了向美好进发。哪里有美，哪里就有爱。

车建新出生在常州，是晚清著名官商盛宣怀的老乡。

作为手艺人，他也是鲁班的徒子徒孙，要想中国传统家居领域走出一条活路，必须要学会精雕细琢。这让他自小对物件有了均衡之美、细致之美的追求。

另外，对他来说值得庆幸的是，自己所从事的行业，也和美有关。

今天，当我们回头再看中国的古典家具，你就会发现，商周青铜家具神秘威严，秦汉漆木家具写实精练，大唐壶门结构丰满华丽，宋代框架结构典雅柔美，明式风格简练秀丽，而大清一朝，则烦琐富丽。

在它们身上，不仅有着木作的自然美、艺术美，更体现着社会美。著名的财经作家吴晓波曾说，在中国，家居器皿从来不仅仅是被使用的工具，它们往往承载着使用者的审美情趣乃至人生哲学。通过它们，进而可以看出全社会的审美。

更重要的是，它们还有文化上的 "中和之美"——儒家文化以及价值观对其的浸染和打造，让它们也集中体现了这方面的美学特征。像中国的宫殿建筑喜欢采取由中心轴线而向两边对称展开的形式，而中国古典家具，则是由仿古建筑的木构架结构组合而成，其对称和谐的形式也由此衍生而来。

正是得益于这种美的熏陶，让他成为一辈子钟情于美的人。

从借款 600 元开始做家具生意，到 1994 年 8 月成立红星家具集团，再到今天成为大型家居连锁商场红星美凯龙的董事长兼 CEO——他一直就没有脱离家具这个行当，甚至就连他本人，也成了中国古典美学的践行者。

在很多人看来，他的经历就是一个很不错的"中国故事"，是中国式成功学的典型。同样，这也符合中国古典美学对人的塑造和期望。

也正是在经营红星美凯龙的过程中，他对美的追求，也开始由隐性，变显性；由自发，成自觉；由往日的"潜意识"，到"下意识"，再到今日的"有意识"。

3.

犹记得红星美凯龙最早的商场，叫红星家具城。

为了让这家家具城有特色，他曾请设计师帮助设计门面，选用红和白两种颜色，像肯德基那样。今天的肯德基，开遍了大街小巷，但当年的它刚刚进入中国时，是西方生活的新鲜代表，颇受国人的追捧。

向肯德基靠拢，无疑会让这个起步没多久的家居城有洋气的感觉。

尽管在日后看来，这种红白两色的搭配，显得有些流俗，但得承认，正是从这个门面开始，他主动开启了对红星美凯龙在审美上的重视。与此同时，在和设计师一次又一次的互动中，通过耳濡目染，他也提升了自己在设计上的兴趣，对美也懂得了更多。

接下来，他又开始做广告。这种广告一做便是几年，而且随着家居商场越做越大，他也越来越舍得花广告费。但与人不同的是，他更舍得投入的，是广告片的制作费。比如一个广告片，通常的播出费要 500 万元，制作费则要 200 万元，但是他情愿把两种费用换个个儿，也就是制作费 500 万元，播出费 200 万元。他希望通过加大对制作的投入，来呈现更好的产品，让观众看一遍就对你有感觉，而不是播了 10 遍，还一点感觉都没有，反而生出厌恶之心。

另外，他对商场内的产品陈列更为上心。在中国很多商品批发市场，东西都是杂乱无章或者见缝插针地堆放，让人看上去心里堵得慌，如果没有刚性的购买需求，根本就不会有太多的购买欲望。所以，他对家居商场的又一个要求就是，你得有个好的陈列，让顾客从这里就能够想象他未来的美好生活……

就这样，从一个 LOGO、一个门面，到最终的整体构架，他让红星美凯龙一步步进入了商业美学的婆娑世界。而红星美凯龙也从当初的第一代店，到第二代……到如今开遍了全城，甚至开遍了百城的第七代店、第八代店。这些店的升级和迭代，都是美的一种进化和实验。与此同时，红星美凯龙这个名字，也在 2000 年最终成型。

这一年，车建新进军昔日的"十里洋场"大上海。

面对大上海，他有了去红星化的想法——店名不再用"红星"两个字。一方面，因为"红星"极具中国色彩，让人难免会联想起某种政治暗喻；另一方面，想通过更名来实现某种方面的脱胎换骨，给人以全新的感受。所以，"美凯龙"这个名字就开始闪亮登场，望文就能明义——"美"是美丽，"凯"是凯旋，"龙"则代表我们这个国，我们共居的家。总结起来就是，美丽的凯旋的家。不过，他又担心改得太多，容易给消费者带来识别上的困难，所以最后的方案，在名字上并没有去掉"红星"两字，而是在"红星"之后加上"美凯龙"三字。

没想到这次改名却误打正着，很多人都以为这是一家中外合资的企业。另外，随着社会的进步，以及娱乐势力的增强，以往"红星"的含义被重新解构，成了当红大明星的意思。日后，他努力加固、加深消费者对这一层意思的印象，频繁地聘请各类明星来做红星美凯龙的形象代言人，从大S、小S，到高圆圆、Angelababy……这样一来，大家就把红星和明星的含义紧密联系起来。

这对红星美凯龙的意义不言而喻，它的内在，更时尚化了。

在外立面上，车建新也逐渐摈弃了往日的红白两色，努力地往蓝色和黄色上转变。这种转变，让红星美凯龙在外在形象上也变得高雅起来。

还有，平时有空就喜欢去寺庙转转的他，每每凝视那些高大的佛像，总会被它的高大、气魄所震慑。他便也想把自己的商场做得有气魄，抛弃那些小打小闹的门面，让人一看，就觉得它有实力，靠谱。所以，很早就与设计师打交道的他，更是主动邀约国际上的一些大牌设计师，来与红星美凯龙合作。

正是上海大隐设计集团总经理吴政道的介入，让红星美凯龙的第七代商场从蓝黄外立面开始变成玻璃幕墙，这成了红星美凯龙在审美上的又一个重要的分水岭。日后，他更进一步邀请到了世界著名建筑师保罗·安德鲁，参与红星美凯龙的建筑设计。这家位于上海金桥核心商圈的艺术商场，在安德鲁的手中，被打造成一个别具特色的蜂巢外形架构，矗立在上海的高架路边，格外招眼。

它像一个流量巨大的活媒体。

也正是这些心思的铺就，让红星美凯龙已不再是一个纯粹的商业平台，而更像是一个城市的地标和艺术的空间。

在某种意义上，这种对美超前一步的理解，以及持续不断的追求和深化，成就了不一样的红星美凯龙，以及其在今天的口碑。

它既是对未来的呼应，也是车建新这位鲁班的后人——

对传统的深情回望。

4.

这个国家对美曾经有过热烈的想象。

其中，有我们最为自豪的盛唐之美。这种美豪放，正如台湾知名作家蒋勋所说，唐朝就是整个汉文化的一次露营、一次出走，完全背离了原有汉文化的那种含蓄、矜持。相反的是，宋代之美则温婉简约，那些天青大碗和釉瓶，上面似乎啥也没有，完全不似唐三彩的绚烂至极，而是质朴清新大方，却透着另一种精神上的富足。

也就在车建新所踏上的库尔勒，数千年前曾来来往往着无数的马队。这个在20 世纪 70 年代才成立的新疆巴音郭楞蒙古自治州的首府，有个很著名的"前身"——楼兰古城。这个建立在沙漠中的古国，曾是南北疆重要的交通枢纽和物资集散地，更是丝绸之路上的咽喉要塞。经由这里，东方的丝绸、茶叶、瓷器被源源不断地输送到了西方。

无疑，那是一个中国商业美学最为巅峰的时期。而库尔勒正是这一时期最为忠实的见证。它之于世界，就如今日的巴黎、纽约或米兰。

然而，正如辉煌了 500 年的楼兰，却莫名其妙地在这个世界消失了，中国的商业美学也在自我封闭的农业文明中，逐渐失去了自我的风采，成了断线的风筝。

今天的库尔勒，需要靠着在春节市场上的一箱箱库尔勒大香梨，为自己赢得更大的名声；相反的是，更多的中国人开始成批地跑到巴黎香榭丽舍LV总店，"这个，这个，这个，除了这三个，其他的都包起来"。

一边是西方的快时尚，用自己强势的市场话语以及文化话语，来建立自己在全球的地位；另一边则是大工业化时代的到来，让劳动异化。呈现在每个人眼前的，是机械复制的千篇一律的流水线产品。有着悠久手工历史传统的中国，已经很难寻觅那些外观朴素、符合日用又极具美感的手作。与此同时，每个人都希望快速地聚敛财富，却无意于文化的传承，似乎成名晚了一天都不痛快。

这也让知名建筑师王澍[1]发出了悲鸣："整个社会对我们所谓的传统文化，可以说完全丧失了真实的情感。我们只是习惯把'传统'这个词挂在嘴边，但传统对于中国现代人来说，似乎没有任何意义。"

尽管我们得承认，快时尚给中国人重新普及了美学，然而，席卷整个社会的商业化浪潮，却再次让古典主义和理想主义最后也沦为了它的附庸。

就连车建新奋斗了大半辈子的家居行业，也不无遗憾地落后了。

很多人都挤进来，因为觉得它门槛低、好赚钱，却没有几个人把它当成值得

---

〔1〕　王澍，中国美术学院建筑艺术学院院长，2012 年获得了世界建筑界的最高奖普利兹克建筑奖，是获得该奖的第一个中国人。

一生追求的事业和学问。这也让家居行业看似熙熙攘攘、人来人往，但拿得出手的品牌，却寥寥无几。时间过了这么多年，这些家具依旧在实用性和功能性上徘徊，就算是品牌，在形象营销上也未必过硬；各自为战的同时，多透着一股土气，根本触及不了这个时代的痛点。

这不得不让人感叹，美，应是家具呈现的最大价值，却成了最廉价的东西。

日后，车建新致力于"体验的智慧"，也许，正是出于这样一个"坚硬"的目的。那就是让美回归，让美被重新发现。

这种对美的钟情，往大了说，是人对文明的自觉拥抱。著名的古典学家伊迪丝·汉密尔顿[1]曾在《希腊精神》中说，其实文明是一个被用滥的词，它代表的是一种高远的东西，远非电灯、电话之类的东西所能包括。文明给我们带来的影响是无法准确衡量的，它是对心智的热衷，是对美的喜爱，是荣誉，是温文尔雅，是礼貌周到，是微妙的感情。正是这些热爱，使得中国人在有限的生命中寻得永恒的精神家园，它也成了传统的士大夫们于有限之中把握无限、于短暂生命之中追求长存不朽的重要方式。

当今作品被翻译得最多的罗马尼亚作家马内阿[2]也说过这样一段话：

---

〔1〕　伊迪丝·汉密尔顿（Edith Hamilton，1867—1963），古典文学家、作家、教育家。著有《神话》、《罗马精神》和《希腊精神》等作品。她的《希腊精神》是了解西方文明源头的绝佳读物。

〔2〕　诺曼·马内阿（Norman Manea，亦译马尼亚），罗马尼亚作家。著有《黑信封》、《流氓的归来》等作品。坚持用母语写作的流亡者，常常被比作卡夫卡的继承者。

我从来不敢相信美能拯救世界。但我们可以希望，它能在慰藉和补偿我们的孤独时，发挥一己之力。我们还可以希望，它所具有的美的愿景，对真相的诘问，对善的重新定义，以及它不可预知的有趣，终将难以抛弃，即使在无常与威胁的时代。

有个问题是，体验可以通往美好的生命，但又如何创造体验？

在某种意义上，车建新所说的"体验的智慧"，还隐藏着另一种意思，那就是体验需要智慧。这种智慧不仅关乎眼，而且还存乎心。很难想象，一个被世俗的利益蒙蔽了心灵的人，或者在时代的快车道上被裹挟着向前走却找不到方向的人，会对美有感知。他们只能是"皮肤粗糙""神经大条"，根本体会不了瘦竹的疏影、水草的柔顺、新月的朦胧……

今天的车建新，很欣赏自己江浙老乡蔡元培先生在近代首次提出的一个思想，那就是"美育救国"。在《文化运动不要忘了美育》一文中，蔡元培大力提倡美育，提醒人们"文化运动不要忘了美育，在革命时代提倡一种超越利害的兴趣，融合一种划分人我的僻见，保持一种永久和平的心境"。换句话说，美育即对人内心的教育和感化，进而启发心智。如今救国已经完成，但是社会的变迁却让人相信，美育从来都不曾过时。

所以，车建新做过这样的一个举动，那就是花上 15 万元，买上 1 万本《美学原理》，发到了红星美凯龙每一位员工的手里，包括保安和保洁阿姨。他说，他希望他们也能学习一些美学理论和常识。甚至，在每年，他都要送出去一批员工，去美国，去日本，去欧洲。他说，哪怕他们出去只是走马观花，但去看看外国的艺术如何，西方的建筑又是什么样的，这种文明的熏陶，总能让人开窍。

个人的审美经验越丰富，就越会带动整个社会的审美。

车建新写过一篇文章，谈到当下的年轻人所出现的迷惘状态，究其原因，正是这个社会太浮躁，大家都走得很快，顾不上灵魂。**他说他喜欢德国的年轻人。为什么会喜欢？看看德国人制造的产品就知道，它们精致、靠谱，经久不坏。为什么又会这样？就是因为这些年轻人专注。**

所以，他会在这个被 LV、香奈尔、阿玛尼包围的今天，大声呼吁鲁班精神的回归。为此，他还举办鲁班文化节，创办鲁班家居学院。在他看来，鲁班这个离当下很遥远的男人，却是当下最需要的分子。他热爱自己的事业，并有工匠精神。简单的理解，就是做任何事情，都精益求精，永远没有最好，只有更好。他希望红星美凯龙能为这个世界传递认认真真、以工匠精神打造生活的态度。

当然，在这种态度之外，他同样希望，红星美凯龙在构建一个美的、时尚的商业平台的同时，也要做好自己的"本职工作"，那就是为这个世界传递家居美学和居家美学，让这些美学更能涤荡人的心灵。

他曾在红星美凯龙的一家店里，将一楼的楼面全部做成了样板间。

还在上海真北路的一号店中，放过小火车，布置过一片爱家森林，弄出了很多让人意想不到的点。从这些点中，他希望红星美凯龙是时尚的，是能给消费者带来居家灵感的。也正是在这家一号店中，他与日本 ADK 公司合作，用 360 度环幕投影技术，以"中国人的居住想象"为出发点，打造了未来之家体验馆。这家运用了环幕投影技术独家创作的公元 2500 年中国人居家想象体验馆，在 2010 年成为上海世博会的场外独立展馆。

他还大力推动中国家具业的原创设计，在重新发现中国人的原创能力的同时，让这些设计通过米兰、纽约、罗马、东京等地走向世界，让这些有着东方意蕴的设计，伴随着中华的伟大复兴，在世界各地美丽绽放。另外，在请来保罗安德鲁设计商场建筑的同时，他还在商场内陈列了黄英浩、张强、Benjamin Lefebvre 等国内外艺术家的雕塑和绘画作品。

车建新说他喜欢"20 世纪法国最伟大的诗人"瓦雷里[1]的一句话："人体最深处的地方是皮肤。"他所做的一切，就是想让大家感受到，**家居最深处的地方是艺术**。

因为家居不仅要解决实用性的功能需求，也要满足审美和情感的愉悦。他显然希望，把品味和艺术融入红星美凯龙的所有软硬件服务中去，并以此售卖生活方式，让顾客在无形中得到熏陶，进而体验人生和世界的丰富性。

---

〔1〕　保尔·瓦雷里（Paul Valery，1871—1945），法国诗人。1927 年入选法兰西学院院士。作品有《旧诗稿》《年轻的命运女神》《幻美集》等，其一生的巅峰之作是晚年的《海滨墓园》。

5.

今天的红星美凯龙，有着更远大的目标和使命，那就是"以提升中国人的居家品位为己任"。"因为提升了中国人的居家品位，其实就是提升人的生活品位；提升了人的生活品位，其实就是提升了人的素质。"总而言之，就是为中国打造更好的"家"。

正是对这一品位的追求，让车建新从一个美的家具生产者，成为美的家居哲学的提供者。在他的家居哲学中，居是景，家是情。而在他的家居帝国里，正大力建设传播"家文化"的公园式商场。以情景化的布展、体验式的购物，让顾客参观、参考，让消费者参与居家审美体验，由此普及居家美学。

1963 年 8 月 28 日，马丁·路德·金在华盛顿林肯纪念堂发表著名演讲，高声喊出了"我有一个梦想"（I have a dream），希望让自由之声响彻新罕布什尔州的巍峨高峰！日后，车建新也喊出了"我有一个家的梦想"。他说，他要将家居变成艺术。"这不仅是时代赋予我们的使命，也是振兴行业的必由之路。"

为此，车建新还在 2014 年年底，联手北京著名艺术地标中的地标——798 艺术区的尤伦斯当代艺术中心，举办了一场别开生面的艺术大展——M. Home：随寓而安；在 2015 年年中，他又在中国的地标——故宫，发布了"器度"大展，并在中华世纪坛开展，将家居用品与传统艺术、当代艺术巧妙地聚合在一起，互为作用，各美其美。无疑，这些都是商业空间中展现的家居与艺术对话的新形式。到 2016 年 2 月 16 日，"器度"再次来袭，从北京走向了上海，首站选址正是金桥商场。要说不同，那就是其从恢宏磅礴，走向了诗意雅致。

这些动作，曾经让尤伦斯当代艺术中心的那位面容清秀，扎了个瘦长马尾的青年副馆长——尤洋，面对公众由衷地赞叹：**以前都是由美术馆和博物馆，还有教堂来负责生产美，提供美，但随着工业革命的生长，各种产品也被注入了设计之美。**

而红星美凯龙更进一步，它不仅卖产品，更是作为一个媒体平台，向消费者传递出产品所代表的审美形态和文化价值，鼓励他们去认识自身的审美趣味。让每个有产品的地方，都能营造出一个审美空间。

这既是美的进化，更是中国企业于几十年的野蛮生长之后，在审美上的进化。这种进化，无疑提升了企业的品位，乃至改变整个中国的气质。

中国人不是不懂美，也更不是不需要美。只不过天性被压抑，一直憋屈到今天。随着时代的开放和人文精神的回归，越来越多的人，越来越爱美，甚至可以"臭美"。他们可以为了更好的东西，到全球扫货。尽管买 LV、PRADA、GUCCI，透着一种乍富之后的虚荣和炫耀，但是这也说明，国人已开始懂得为产品的更高价值买单。他们不再只着眼于实用，　更重要的却是，通过购买它们来获得一种感受、一种体验，并由此促进自己与内心的对话。

与此同时，随着"互联网＋"时代下的 80、90 后的崛起，审美更出现了多元化发展的趋势。年轻人有着自己的爱好和个性，对大量涌现的新事物，不再被动接受，已然有了自己的审美和评判的态度。这也让网络上涌现了无数的社群。在这些社群里，大家不分阶层，不分年纪，而是为了某个志向或者信仰，哪怕仅仅是因为拥有相似的兴趣而聚集在一起，组成一个又一个或大或小的集体。

在车建新看来，中国的 80、90 后显然是高审美的一代，他们对于审美消费的需求是加速增长的。随着他们的出现，中国人在生活的姿态上，开始由以前追求温饱，到今天开始主动追求品质。面对他们，一方面，我们必须彻底地放下架子，你若端着，他必无感；另一方面，踏踏实实按社群甚至人性维度来明确消费者圈层，分别提供不同类别不同风格的产品组合，从而引导消费价值观。在某种意义上，红星美凯龙从起先的百 MALL 时代，到今天的百城时代，正是在为不同的社群努力建构新形势下的不同服务类型，希望不同的人都能在这里得到他们所希望的体验，找到他们所希望看到的美和爱。

这是一个消费升级的年代，同样也是一个到处都充满着转型焦虑的年代。这不难让人相信，没有审美和想象力的产品或平台，终究会在这样一个年代被无情抛弃。与此同时，乔布斯的成功，正是将这两者做到了极致。中国需要乔布斯，当然更需要既熟悉中国国情，又有世界视野的"车建新们"。在某种意义上，正是他们和消费者群体的共同作用，打造了中国在新时代下的商业逻辑，并让中国商业美学，穿过曾经灰暗的时光，在今天重新焕发光彩。

如今，在车建新走过的那条路上，正在构建着新丝绸之路经济带。这是复兴，也是新生。通过它，中国将展示自己作为世界大国的度量及责任。与此同时，在这些源源不断的流通中，一定会有爱、和平，以及商业之美。

它们一起为这个世界提供新的体验和可能。

M

[美问]

为什么红星美凯龙每年要送大批员工去欧洲旅游？

美可以提升员工的素养。我们每年都要安排数百名员工去欧洲旅游。和别的公司安排度假购物旅游不同，我们的行程中会安排参观大量的博物馆和美术馆，有巴黎的卢浮宫等热门博物馆，也有伯格赛、乌斐齐这样相对冷门的博物馆，可以说是美学主题的欧洲游。欧洲具有很好的人文和艺术氛围，去欧洲旅游是很好的审美培养过程。员工的审美能力是公司的重要竞争力，如果我们的保安和保洁阿姨都具有高审美，那么公司就会在商业竞争中形成不可替代性。

为什么车建新要让全公司学习《美学原理》这本书？除此之外，他还给员工开列了哪些书单？

《美学原理》是一本让人不仅能够感受美，同时也能理解美的入门级读物。这是因为，美学与认知有密切的关系，审美代表了一个人对世界的认知。美学素养的提升不仅包括眼界和视野的开拓，还包括了自己独立思想的确立。所以，为了这些目的，我们公司除了要读《美学原理》之外，还有很多启发认知的图书，比如像《圣经的故事》《禅的黄金时代》《场景革命》《罗马人的故事》《最好的告别》《提问的艺术》《宗教的历史》等。

从家居零售到审美消费

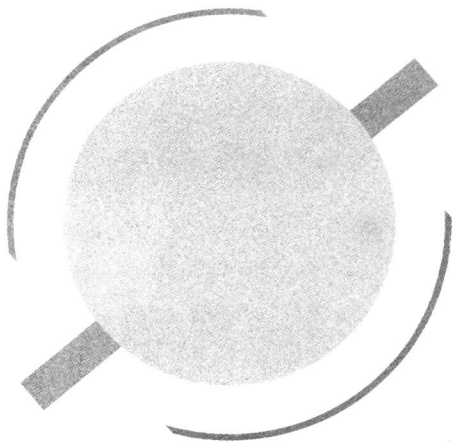

1.

人没有理想，和咸鱼又有什么区别。那么，家呢？没有理想的家，其实就是
一处房子。

在蒋勋[1]的眼里，房子并不等于家，房子只是一个硬件，必须有人去关心、
去经营、去布置过，这才叫作家。所以，有些人只有房子，并没有家。哪怕
这房子是你花大价钱买来的，位于城市的中心区域，都跟家的概念相去甚远。

反过来，哪怕这个房子再偏远，再不值价钱，但经过认真打理，有你精心挑
选的床单和书架，还有妥善归类了那些书籍，摆放好了音响，它就真正变成

---

[1]　蒋勋，台湾知名画家、诗人与作家。他在著作《孤独六讲》中，创造了孤独美学：美学的本质或许
就是孤独。

了你自己喜欢的那种状态，它就是属于你的 HOME。

蒋勋在《品位四讲》一书中，提到了《小王子》中的那个孩子。孩子看见一幢房子很漂亮，回来就跟他爸爸说：那幢房子很漂亮，前面有一个小小的花园，墙上都是藤蔓，7 月的时候会有很多蔷薇花爬满整个窗台；进屋以后房间里面有着温馨的家具和摆设，然后一家人围坐在壁炉前面，火光非常地温暖。他叙述了好长好长，跟他父亲讲这幢房子多美多美，然后他父亲很不耐烦地打断他说："你告诉我，这幢房子到底值多少钱。"

这不免让人慨叹，面对大人的价格世界，孩子的美丽世界总是那么无力。

这个世界缺少的不是房子，而是 HOME。也正因为此，当《E.T.》里的那个外星人发出 HOME 这个单词的时候，很多人都被那个发音感动了。再也不能无动于衷了。

于是，便有了东方卫视的《梦想改造家》[1]。

同时，也就有了俞挺在大众面前的一次抛头露面。这个颇有才华的建筑设计师为这档节目奉献的第一个作品，就是将上海金陵东路一座白色的使用面积只有 30 平方米却分成三层的"水塔房"，变身为一个三室一厅两卫的小洋房。

---

〔1〕　《梦想改造家》是东方卫视打造的一档大型家装改造节目。该节目借鉴了日本的《全能住宅改造王》，大胆突破了以色彩和软装为主的传统装修形式，聚焦在空间改变和功能实现上，由顶尖设计师用有限的资金，在有限的空间里根据委托人的特殊需求进行彻底的改造，通过聚焦全国范围内不同地域特色的建筑物，不同类型和背景的家庭故事，揭示家给予人的意义，见证家装改造给人带来的幸福。

房子的主人姓任，当年能在上海分到这样的房子，已算得上是十分幸运，但如今的他，已是60多岁的大叔，而房子也逐渐成了被拆迁的对象。在这个城市里，有很多人等待着拆迁来改变命运，但他却不愿意再等下去，一定要将它改造成舒舒服服的样子，哪怕第二天就要拆迁，他也要享受一天。而摆在俞挺面前的，的确是个棘手的问题。除了空间狭小，楼梯层级过高过陡，还有潮湿到长蘑菇的环境……而解决的方式，是运用"错层"设计，以及安装"世界第三种电梯"——分段式接力电梯。面对这个30平方米的"水塔房"，俞挺并没有把它改造得富丽堂皇，这样做也违背了改造的本意，但他一定要做的是，将它变成一个独立空间。自然，有风，跟外界有序地联系，内部设施完备，功能齐全。它不仅解决了主人的爬楼问题，而且还在螺蛳壳里做出了一个道场——设计了一个圆台面。

这些都让任大叔感到惊喜。他和他的老伴是典型的中国式父母，每天往返于子女家中，替子女照顾孩子，做饭给他们吃，还要照顾家中生病的老人。可惜的是，家中的逼仄，让他没有办法在自己的家中两边兼顾，享受天伦之乐。现在好了，这样的水塔房经过改造之后，不仅可以住下祖孙四代六七口人，而且还能让他在闲暇之余种种花，烧烧菜。那张圆台面，就可以供亲戚家人聚餐时使用。

如今的任大叔，并不像别人那样盼望拆迁。尽管这改变不了这个城市到处都在拆迁的事实。但是他变得更愿意回家，更愿意在这里，生老病死。正如陶渊明的吟诵："众鸟欣有托，吾亦爱吾庐。"

2.

在很多时候，我们对家并没有太多的爱。

即使有爱，也只是因为它方便，可以让自己比较方便地上下班、接送孩子，或者只是为了有个容身之所和卧榻之地。哪怕添个沙发，也是为了休息，买张床，也是为了睡觉，而加张餐桌，也只是为了吃饭。这也让这个家，更多地停留在实用功能之上。

这些其实都不是中国人的家。中国字"家"，是宝盖头下有头猪。这也意味着，中国人的家里不仅有人，还要养家畜，有鸡、鸭、羊、猪等等，这样才会像一个家。这样的家，有情感，有互动，才会让人觉得温暖和安全。

更重要的是，**家还是中国人人格养成的重要之地**。自古以来，修身、齐家、治国、平天下便是中国知识分子的价值追求，正所谓"天下之本在国，国之本在家，家之本在身"，家在其中扮演着重要角色，它是人格形成的第一课堂。

这里有两位重要的老师，一位是自己的父母，他们教会孩子说话、穿衣、吃饭，乃至各种行为规范以及辨别是非、对错、善恶的价值观等。另一位则是自己所处的家居环境，它静默不言却又无处不在，于潜移默化之中引导着我们，塑造着我们。它的好坏，也决定着我们能否成为一个健康的人、和谐的人，以及有教养的人。与此比较接近的一个历史故事就是，孟母三迁。在美国实用主义教育家杜威的眼里，所谓的教育，即"生活"、"生长"和"经验改造"。说到底，这就是一种教育。

很多时候，要想了解一个人，就看他有怎样的父母。或者，可以去他家里坐坐。

不需要太久的时间，看两眼，你就可以看出，住在这里的人，是真正的主人还是疏离的过客。蒋勋还这样说过："可能有一个朋友来我们家，在客厅坐一坐，或者你招待他用餐，在家里餐厅坐一坐，他并不会很深入你的家庭，可是他大概在你家坐一坐吃个饭，已经会出去跟别人说：'这个人家不错喔！摆饰很有自己的风格，也干干净净的，东西都放得很规矩。'"

在某种意义上，家居和时装一样，都是一个人的身份识别系统。通过它们，可以发现或定位目标对象的身份、审美和气质。

中国家居业美学营销发起人、金投赏和艾菲奖的终审评审，以及媒体眼中的"中国设计的80后推手"詹慧川，曾在东京青山的街头，被一家雷克萨斯4S店所震撼。她记得当时的天气犹好，阳光从4S店一整面落地玻璃窗投射进来，让整个空间都洋溢着光线的美感。店里面，有一辆很大的雷克萨斯汽车模型，没有花里胡哨的广告，只在车旁边放了一些高尔夫球杆，还有来自一家人家庭生活的小照片和卡片，还种了一些花。它没有向人推荐这辆车的性能和质量，而是极力告诉你，开雷克萨斯车的人会有什么样的生活品位，他通常会进行什么方式的运动，通常会使用什么样的东西，床头会摆些什么样的物件，家里会种什么样的花，而他的客厅，又会是什么样的模样——在那一瞬间，她突然明白过来，通过这些家居设计，能呈现一种美的生活方式。它们可以用来点亮生活。

这也让她对自己日后从事家居业——其于2008年年底加盟红星美凯龙出任副总裁，分管企划管理中心——并致力于商业与艺术的结合，充满着自信以及无尽的想象。

当然，对使用者来说，家居也同样重要。也许通过它们，你可以解答迷惘人生中"我是谁"的疑问。因为，它们既是自己内心的投射，也是你价值观的外在承载。你是谁，你的家居就会是什么模样。或者，你的家居是什么模样，你也就会成为谁。在《断舍离》一书中，杂物管理咨询师，也是颠覆百万人生活方式的人生整理概念"断舍离"[1]创始人山下英子，便有一段这样的描述：

> 打个比方说，有人送你一套名牌杯子，你把它原封不动地放在橱柜的最里面。而你当下在用的，只是买甜甜圈时的赠品——一个再普通不过的杯子。如果有人问你"为什么不用名牌杯子啊"，你会回答"太可惜了，这种好东西舍不得用啊"。换句话说，在你的潜意识里，你认为"自己配不上麦森的杯子，我没达到那个水准呢"。你的真实想法，就可以通过物品反映出来。

> 一个人所使用的物品，能够反映出自我形象。认识到了自我形象，反过来就会开始想要把现在用的东西替换掉了。"这样啊，其实我也可以用它的。"像这样认可自己。一旦开始使用那只杯子，自己就会和那件东西逐渐相称，看东西的视角也会在不知不觉中发生变化。允许自己使用高级的东西，这种机制一旦运转起来，

---

[1]　"断舍离"是由日本学者山下英子独创的风靡亚洲的新生活方式。她通过瑜伽参透了放下心中执念的修行哲学"断行，舍行，离行"，基于这种概念提出了任何人都能亲身实践的新整理术——断舍离。

看待自己的方式就从过去的减分法变成了加分法。了解自己，放下过去的自己，就能发挥出自己的潜能。这些都不是有意为之，而是自然而然地实现的。

也许，这正是家居的意义之所在。

3.

往日的红星美凯龙，卖的是家具，但今天的红星美凯龙，卖的更多的是家居。家具没有生命，它矗立在那里，不悲不喜，不哀不怒。但家居却是活的，它或许顺着主人的品位，或许逆着主人的性子，但每时每刻，都与主人进行着互动。

车建新一直认为，家居业是国人生活的造型师，家居美学能够塑造国人的审美视野和审美品味。这也就是他坚持打造红星美凯龙的原因之所在。而且，他已将红星美凯龙打造成了有别于国外同行的美学平台。要知道，在十多年前，中国风靡一时的家居模式是百安居、家得宝所推行的"自己动手、简易装修"模式，这种模式符合西方人喜欢动手的习性，他们将安家过程作为体验（所以家居超市里工具比较多）。而中国人则不同，他们大多将购物过程作为体验，因此商场需要提供产品展示、休闲、审美的功能。红星美凯龙就应该提供这些附加值功能。

那个时候，也有很多人劝车建新学习它们，如果不学习它们，企业可能会生存不下来，或被它们给吃掉。但车建新当时就说："我要是学它们一样的模式的话，就是等到自己的孙子胡子都白了，我们和它们的差距也不会越来越小，而是越来越大。"因为所有的好牌都在它们手里，比如它们有品牌，有强大的资金实力，有国际化的人才，跟在它们屁股后面只能是死路一条。"所以我当时就决定做有中国特色的，适合中国本土人文环境的家居零售模式。"幸运的是，今天的中国人，逐渐意识到了家居生活的重要性。

在他打造的这个平台上，从一开始的做"全球家居，品牌典范"，到"创享家居之美"，再到今天的"家，想怎么美，就怎么装"，红星美凯龙一次次地推进着自己的 slogan（标签），同时也努力地提升着自己的品格和调性。

他所做的一切，都无非是用美来让家居和人实现互动，并在这一交互的过程中，让家居走进更多的家庭，让更多的家庭得以形成自己的生活方式，建构自己的审美体验，并进而让每个人都能找到自己的内心归属。为了达到这个目的，车建新首先要做的，就是将产品变成美学。

一方面，强调产品的内在价值，让价值而非价格成为产品最大的吸引力；另一方面，广泛接触世界，汇聚全球之美，让古为今用、外为中用；再一方面，就是引导入驻的厂商做情景式布展，这样可以让消费者受到启发，借鉴情景来设计属于自己的有品位的家。家的品位可以提升人的素养，提升人的素质。"过去很多人在有钱以后，把家装修成暴发户式的，我们要引导他们，花较少的钱，去做有品位的家。"车建新说，"做商业要引导消费者，这既是责任也能带来生意。"

在某种意义上，这种机遇也源于消费者自身审美能力、消费能力的提升。车建新记得，在 2003 年时，红星美凯龙在北京开设第四代商场，消费者进来就觉得害怕，害怕商品太贵。但到 2007 年之后，消费者虽然觉得商场里的产品很高档，但不再害怕了。尤其是上海世博会之后，消费者便能经常踏入红星美凯龙而毫无心理障碍了。更重要的是，这是一个伴随着消费者自身审美素养提升而出现的社群时代。多样化的诉求，以及多元化的价值观，也要求红星美凯龙不仅要做好"美"，更要汇聚全球之美。

在这里，有节约风，有时尚风，有复古风……总而言之，它就是一个美的大熔炉。它充满着自由，没有被任何标签所定义。

因此，每个人、每个社群都能在这里遇到令他或他们心动的发现。这些举动已颠覆了消费者对家居的想象，将家居零售变成了审美消费。除此之外，车建新还要做的，就是将原先有计划、有组织、有控制的零售模式，转化为人与物的呼应，在给予人与产品同等尊重的同时，努力提升服务体验，以此形成自发的时尚调节机制，让每一季的消费者与当季的前沿美学无缝衔接。

这无疑是一件"大工程"，需要更多的人为之努力。

作为红星美凯龙分管人力资源和文化营销的执行总裁，谢坚还是中国商业发展研究所副所长、上海交大零售总裁班和商业地产 EMBA 班特聘教授，曾为 Swarovski、Omega 、Longines 等时尚品牌提供绩效提升培训和系统构建。在加入红星美凯龙之前，他为一家港商的百货公司服务，做的是零售板块的业务。不过，直到今天，他都不认为自己干的是零售，应该说，他做的是时尚。在欧洲，百货公司都是归于时尚行业的；只有在中国，被归入了零售。在某种意义上，谢坚愿意把红星美凯龙当成自己职业生涯的一次重要归宿。因为，家居是一个散发"艺术气息"、"人文气息"的行业。

事实上，这也是一个让消费者更接近于美的行业。在这个行业里，经营者要让消费者更有尊严，那么，就得让消费者感受"家居艺术之美"。所以，谢坚对红星美凯龙有一个梦想，那就是在这里，贩卖的不仅是家具，更是艺术、理念、时尚和情怀。

这个时代，不仅要让居者有其屋，更要让居者优其屋。为此，在 2013 年，红星美凯龙正式成立了鲁班家居学院。该学院面向员工开放，并通过训练，对员工进行认证定级。级别低的员工，必须要了解环保知识、家居商品知识。更高一级的员工，在了解这些知识的前提下，更要懂得生活方式，得懂产品的艺术跟人的结合，再深入一点，就是要懂得生活美学。

总而言之，就是要通过这样的方式，将员工从被动的商品推销者，变成消费者的家居生活专家、品质生活专家，或者时尚美学专家。

不过，这还只是红星美凯龙的第一步。它更大的野心是要面对全产业链，包括厂商、经销商、门店店长，希望通过他们的工作，来提升全行业的美学素养。比如说，和清华、上海交大、复旦、港大等知名高校联合办学。鲁班家居学院负责招生，请行业内的高层，甚至是董事长前来上课。学院除了教这些学员在商业运作方面的课程外，更有一些生活情操方面的培训。第一期的学员有 40 多名。同时，鲁班家居学院还鼓励经销商将自己的店面做得更艺术化一点，更美一点。这样，给消费者带来的体验也更好。

说到消费者，鲁班家居学院也不愿"放过"，毕竟美是双向的。你做得再好，如果消费者无动于衷，没有感应，那也是白费功夫。所以，提升消费者的审美能力，是鲁班家居学院的又一重头戏。

也就是从 2014 年起，谢坚所负责的鲁班家居学院和文化营销部一起涉足对消费者的美学教育，通过办各种各样的讲座，来谈幸福、生活、艺术和收藏。还请一些著名设计师、社会名流来跟消费者谈美学。另外，在红星美凯龙的第九代店金桥商场，还专门开辟出了一个剧场，除了演绎一些话剧，还请韩国乱打秀[1]的原班人马专门打造了一个剧，叫《生活变变变》。这无疑是一块宣传生活美学的阵地。

可谓人人参与，以美为本。

4.

如今，以红星美凯龙为代表的审美消费，已经深入全国的各种消费场所。当然，这也得益于车建新的另一做法，即通过对红星美凯龙这个平台空间进行美学打造，以美学空间带动项目增值，撬动金融杠杆，迅速实现全国性网格布局，让红星美凯龙这一美学符号，在全国遍地开花。

相反的是，百安居（中国）将 70% 的股权卖给了物美，在美国有 1480 亿美

---

[1]　"乱打"，是将韩国传统文化"四物游戏"（源自韩国传统的农耕社会，米农集合音乐、杂耍、舞蹈与民俗仪式作表演，企求及庆祝全村丰收。四物为大锣、低音鼓、小锣及长鼓，代表风、云、雷、雨四种自然现象）与西方架子鼓的节奏巧妙地结合在一起。其舞台是众人熟知的大型厨房，厨房里的盆、勺、碟等生活用具，都成了表演者手中的乐器。

元市值的家得宝，也连续在中国关店。这些事实都印证了车建新坚持的重要性，以及他对中国未来趋势的准确把握。同时，它在事实上，又为我们营造了更大、更广泛、更美妙的居住环境。

这也就是我们对这个世界的态度。说到底，30 平方米的地方可以是家，推开门之外的世界，同样也是我们居住的空间。在某种意义上，决定着这个世界只是个空壳，还是属于我们自己的 HOME，用我们自己的语言说，就是"窝"的，是我们对这个世界的态度。

尽管这些营造需要时间，但我们需要这样一点一滴的改变，恰如胡适当年在《非个人主义的新生活》中所提出的那样，"得寸进寸，得尺进尺"。在这本书中，胡适还说："社会是由种种势力造成的，改造社会必要改造社会的种种势力。这种改造一定是零碎的改造——一点一滴的改造、一尺一步的改造。无论你的志愿如何宏大，理想如何彻底，计划如何伟大，你总不能笼统地改造，你总不能不做这种'得寸进寸，得尺进尺'的工夫。所以我说：社会的改造是这种制度那种制度的改造，是这种思想那种思想的改造，是这个家庭那个家庭的改造，是这个学堂那个学堂的改造。"

无论如何，哪怕这些努力再微小，都能让这个世界变得更美好、更温馨、更宜人。与此同时，随着生活水平的提升，中国人不再仅限于简单的物质方面的享受，而是变得更有生活态度，更有生活理想。

总而言之，这可以让我们明白，我们到底是谁。

M

[美问]

在红星美凯龙看来，家居这个品类和别的商品最大的不同是什么？

家居品类在功能消费的基础上，具有很强的审美属性，某种程度上其审美的价值甚至大于功能的价值。家居的审美是一种风格化的美学，是将不同的价值倾向和美学特质融入不同的风格当中，消费者的审美倾向会和特定的风格碰撞产生共鸣。

怎么看待家和家居的关系？

家是景，居是情。家人和家居是一个家庭内在和外在的两面。一家人如果没有居住的地方，叫作颠沛流离，不成其为家。而空有家居却没有人，叫作孤家寡人。因此家人和家居是家庭构成的不可分割的部分。

家和美有关联吗？

美的本质是爱，而爱是家的核心。

家居对一个人有什么意义？

家居可以改变一个人的生活，甚至可以改变一个人的人生轨迹。如果说功能属性是在实用层面满足生理需要，那么审美属性就是在心理层面创造人的价值。美是一个人生命的重要组成部分，如果对美的理解不够，那么生命的意义就失去了一大半。有一个故事说，有一位农民大叔在五星级酒店住上一段时间之后，出门的时候，有人叫他师傅，他说，对不起，请叫我先生。

现代主义精神下的生活场景

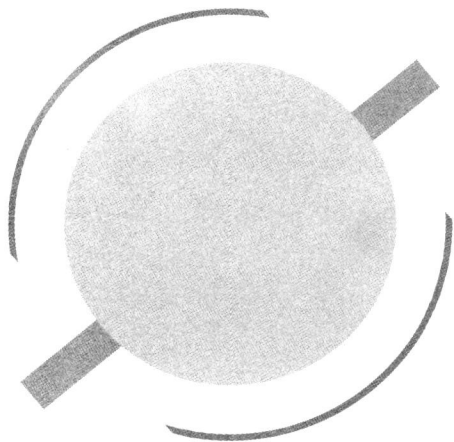

1.

没有保罗·安德鲁[1]日后的大手笔，那么，遍布全国的七代店，应是并且还将继续是车建新的骄傲。和苹果 iPhone 从 4、4S 到 6、6S，再到 7……一样，红星美凯龙自创业以来，在卖场形式上也在不断地升级换代。所谓的七代店，就是其第七代产品。应该说，前面的几代店已经有了车建新的一些美学实践，但它们都不如在第七代店中展现得那么明显，那么系统。在某种意义上，这些第七代店，一定是前无古人，但后有来者。

---

〔1〕　保罗·安德鲁（Paul Andreu），著名建筑设计师，29 岁时，设计了圆形的巴黎查尔斯·戴高乐机场候机楼。作为享誉世界的设计师，他为中国设计的大型建筑有 4 座：上海浦东国际机场、广州体育馆、北京国家大剧院、上海东方艺术中心。安德鲁建筑作品的多彩多姿，鲜明地体现了他坚定的信念——不论在功能处理上还是在建筑风格上，都决不屈从于任何先验的观则，而宁可去寻求在功能、经济、气候等方面都适合于每个项目特殊性的、创造性的解决办法。

与此同时，这些第七代店，也成了吴政道与红星美凯龙最初的关联。在这个身为上海大隐设计集团总经理的知名室内设计师看来，早期的红星美凯龙在外形上规规矩矩、方方正正，当然这也和中国沿街的商业圈匹配。

但是，怎样在规定动作的前提下，再做出些个性化设计，让人一眼就知道这是红星美凯龙，而不是别的什么建筑？

数易其稿，吴政道找到了一些正确的方式。比如说，将外观处理成立体浮雕式的肌理，同时，他考虑到商场不适合开很多窗面，又为了容易清洗以保持整个建筑的干净程度，所以选择用了玻璃幕墙。而这些幕墙又选择用环保的材料，可以被分解还原。这样，整个外观就有了一个常新且又具有现代性的质感。

这些也成了第七代店鲜明的特征。

在和车建新的合作过程中，吴政道也逐渐了解了他的一些"癖好"。他喜欢求新，当然前提是不需要花太多的金钱去堆砌一个项目。另外，他不喜欢繁复或者说太堆砌的东西。更重要的是，所有的努力都要传达绿色环保的理念，最核心的，就是用艺术的方式，让商业具有人文主义，呈现一种向上的诗性的美。

与此同时，他希望通过对商场空间的艺术化创新，带动上游工厂产品的创新和提升，改变行业生态，让中国商业一起进步。

这种追求不是没有根源的。在产品审美时代，渠道的意义不仅是为供需双方提供交易平台，更重要的是，其为产品创造美学价值的情景体验。**由于产品越来越成为生活的角色，只有在生活的场景中才能将美学价值全面释放。**渠道作为场景的载体，让产品与生活融合，激发消费者身在其中的联想，在体验中获得美学享受。

尽管今天互联网的发展，让人们似乎看到，未来虚拟技术会让在线体验超过实体体验。事实上，虚拟体验早就在某种程度上超过实体体验。你可以在虚拟世界中变身中世纪骑士，也可以作为城堡的公主嫁给王子。

不过，我们也应该意识到，对一件时装而言，尽管可以在线试穿，但消费者真正的需求是，穿上它是否会变成生活里的公主。一如蒙娜丽莎的微笑不在网上，而在卢浮宫。产品美学的体验性，前提是真实性，这是这个时代渠道的价值。

同时，也是车建新让渠道变得更美的价值所在。第七代店的出现，恰如其时。也恰如其实。在这些第七代店身上，还有更多不同寻常的细节。

像店内的那些廊道。

很多时候，为了争取给商铺留出最大的空间，以保证出租的利益，商场往往只会留出一个 2.8 米的廊道宽度，在高度上也不太讲究，但是，这往往容易让人在购物时，感到不舒服。尤其是人流量一大，更是摩肩接踵，让你买完东西就想赶紧离开。所以，为了让人有最大的舒适感，吴政道和车建新一遍遍找最佳方案，寻找高度和宽度的最佳比例，设计完了以后，再在现场做一个打样馆，就是为了一段一段将所有的设计全部感受一下。记得为了某个商场，吴政道前后设计了 8 个款式，在全部打样出来之后，车建新也都亲自走了一遍。

如今，在红星美凯龙，通用的廊道的宽度，为 3.6 米。

不过，新一代的店面，在廊道上又进一步做了文章。它破除了传统的直来直去的模样，变成了比较圆润的弧形。这样，让人在购物时不至于从进门就将店内环境一眼看穿，既让人不觉得呆板，又增加了探秘的乐趣。

与此同时，打破格局的还有原先四四方方的共享空间。在某种意义上，这些共享空间其实是顾客们暂时歇脚的地方，也是顾客在廊道里走来走去之后透口气的地方。共享空间因此也引进了自由的造型和曲线，更重要的是，它还需要与户外有所互动，所以，就通过某种方式将阳光引进来。不过要控制好光线，不能因为过热而破坏了空间的温度。

不管如何，车建新所有的努力，都印证着以人为本这一基本原则。事实上，他还有更让人惊讶的想法，那就是尝试着将江南园林搬进商场，希望这些植物与景观能和谐共生。但有些遗憾的是，它们的养护成本非常高，尤其是在室内很难保证绿植的日晒时间，到头来，反而给人一种枯萎、衰败的感觉，这就有些得不偿失了。后来，车建新在上海真北路店布置的爱家森林，只能选择人造景观了。不过这也足够让那些跟父母前来的孩子，在树屋里玩得开心了。

2.

今天的红星美凯龙，依旧在进化过程之中。它在保持着相对统一的视觉语言的同时，各个门店又都有着各自鲜明的特色。

就像上海的吴中店，犹如法国的奥赛博物馆[1]，有硕大的古典吊钟，配上教堂里特有的彩绘玻璃，处处透着一种复古范儿。相反的是，南京店走的是现代时尚路线，它用大地、风、水，以及光的元素，来构建每个单元的空间。当每个消费者漫步其中，不会感到单调，同时也感受到天人合一的自然和谐。

这些形式的存在，显然改变了中国的家居商场更多的以陈列货物的功能性为主的样式，其通过空间的美学创造，将家居产品的审美属性最大限度地展现出来，让消费者去寻找属于自己的味道，寻找属于自己的审美倾向。与此同时，这一改变也推动了中国的家居审美进入一种现代主义为基础、个性化风格演绎的时代。

毫无疑问，它们一定能给消费者带来居家灵感。让人深信生活不仅有现实，还有诗与远方。本质上，建筑大师保罗·安德鲁就是这样一位"诗人"。他用诗的语言，来创作自己的建筑。这位 1938 年 7 月出生于法国波尔多市附

---

[1]　奥赛博物馆，法国国立博物馆，与卢浮宫和杜伊勒里花园隔河相望，由废弃多年的奥赛火车站改建而成。馆内主要陈列 1848 年至 1914 年间创作的西方艺术作品，包括绘画、雕塑、装饰品、摄影作品、建筑设计图在内的精彩藏品，显示出一个现实主义、印象主义、象征主义、分离主义、画意摄影主义等流派大师辈出的时代所具有的令人难以置信的艺术创造力。它与卢浮宫、蓬皮杜中心一道被称为巴黎三大艺术博物馆。

近的 Caudéran 的法国人，以其在世界范围数不清的机场设计而闻名，尤其是他设计的巴黎戴高乐机场，无愧于人们对其的称誉：有着高品质的完成度和撼人心魄的感染力。他喜欢游历世界，并将从中得到的感受与灵感，巧妙地运用于建筑设计当中。他耗时八年创作的中国国家大剧院，其创意正是源于他在非洲得到的一枚猴面包树的种子。尽管这座半玻璃半钛合金覆盖的椭圆形建筑物，在被古典风格建筑包围的天安门广场上显得颇为突兀，但它无疑符合他"走向未来"的建筑主张。

在这里，有中国传统的阴阳八卦曲线，同样，也有着静止的水，以及并不明朗的光线。水是记忆之水，慢慢上升，淹没一切。而这光线，好像来自遥远的星空。

对他来说，黑暗与光明一样重要。

某种意义上，他的作品优雅、柔和和现代，总流淌着一股诗意，让人徜徉其中，感受到的不是钢筋水泥所带来的压迫，而是一种艺术的享受。他也因此成了红星美凯龙的"心仪之选"。

即使古稀，亦是佳人。

让保罗·安德鲁操刀红星美凯龙的上海金桥艺术商场，是必然，也是冒险。一方面，它被定义为"世界级购物中心"，那么，打造它的人，一定得是世界级的大师。另一方面，这位世界级的大师一定得符合红星美凯龙的审美。

这应是安德鲁在上海的第三个作品。前两个分别是东方艺术中心和浦东新机场。不过，和前两个不同的是，这是他第一次为企业做建筑。风险也就在这里。谁也不知道，这次 1 + 1 能否产生大于 2 的效果。直到今天，王伟还对这段合作记忆犹新。作为红星美凯龙负责大区运营的副总裁，王伟也喜欢游历世界，开着越野车四处闯荡，跑遍中国西部地区几乎所有的雪山，对美有着自己的理解。

他说自己见过的最美的生物，是生长在高原冰川边上的一种植物，叶茎特别的强壮，花朵颜色特别艳丽，它展现出来的生命的力量是一种真正的美。在藏区，他也看见，有的人举着转经桶围着圣山一转就是一辈子。总而言之，这是一个有着各种美、有着多元价值观的世界，而正是这些内容的存在，让人感受到生命的丰富多彩。

在某种意义上，他和保罗·安德鲁有着英雄间的惺惺相惜。这也让他在与对方相当长时间的交往中，有争论，但也互相包容，并因此迸发出更多的火花。

比如说他希望在这座商场的楼顶放上红星美凯龙的店招，但安德鲁却说，这座商场就是一个不同凡响的作品，本身具有标志性和辨识度，不需要用字体来体现。但他认为，家居商场一定要告诉顾客它的商业属性是什么，这里售卖家居，而不是酒店或其他的业态。这无疑是一场费心费力的争论。谁都希望说服对方。最后，只能各退一步，店招依旧存在，但得根据建筑物的弧度来设计，与建筑本身融成一体。

如此，既照顾了商业的诉求，也保证了商场的作品属性。事实上，即使有这些矛盾，王伟还是对安德鲁敬佩有加。印象很深的一点是，安德鲁说，**建筑要尊重所在的这片土地，要和土地周围的环境共生共荣。**

与此同时，他说他理想中的建筑，并不是要强行进入消费者视线，而是友善地与消费者对话，并由此激发他们的艺术想象，从而获取愉悦的消费体验。他希望，顾客在这里逛的时候，不要感到压力，也不要觉得有人逼着他们消费，而是要让他们觉得即使不消费也没关系。

因此，出现在世人面前的金桥艺术商场，在整体设计上以蜂巢的纹理元素作为概念构想，借此来表达勤劳的人们对于家的向往与渴望。在此基础上，其外部空间的处理，也充分考虑了地块周边的民居、高架、商业环境等因素，注重和周边环境的融合，从而相互形成一片和谐的建筑群，而不是与其格格不入。

在整个建筑群中，西南角的银行地块呈环抱势态，而西北则以同样走向的弧线呼应杨高路高架，远远看来，整个建筑群以流水般的形态包容着各类空间。同时，作为消费者需要经常光顾的室内空间，则充满着人文关怀——纵向由四个造型各异的中庭空间连接各层，横向以十字形主走廊连接各中庭，将各类不同属性的空间有机地串联在一起，既方便顾客寻找目标品牌商品，也提升了整体艺术氛围。

这不得不让王伟慨叹，一个外国人，颇有中国儒家"和"的精神。相反的是，中国的大地上，却冒出了越来越多不尊重环境的建筑物，比如有些城市几乎成为世界新奇建筑的试验场，充斥着很多奇形怪状的样式，与周边环境很不和谐。

大师毕竟是大师。行家一出手，就知有没有。这个位于上海浦东金桥核心商业区的商场，也无疑成了一部把购物体验与经典艺术风情完美融合在一起的灵感之作，无愧于艺术商场的定位。它是车建新和保罗·安德鲁共同完成的美的结晶。是资本与技术及艺术的完美融合。同时，它也将车建新在第七代店上的美学实践，又狠狠地向前推进了一步。

它站在那里，风情万种。

3.

这确实是一个有趣而又可爱的老头。

每次接触保罗·安德鲁，詹慧川总会这样想。首先，他没有什么大牌的架子。其次，尽管在媒体面前，他有些严谨得像法国人的邻居——德国人，但内心里，他却比法国人还像法国人，浪漫无比。他不仅设计建筑，事实上，他也是位作家。他写诗，出版过一本包含很多诗性成分在内的《记忆的群岛》。后来，他又出版了一本叫《房子》的小说。甚至，每次在完成一个设计时，他总会配上一首小诗来表达他设计的理念。

金桥艺术商场落成典礼的晚宴上，她和他坐在了一起。

他们周边挤了一堆人，有说普通话的，说上海话的，有说广东话的，还有说法语的，说英语的，各种语言五花八门，但大家又聊得其乐融融。在各种语言的转换和交错中，两人也聊得很开心。没聊别的，就聊诗歌。这大概是因为他的朋友刚刚出了本诗集。她说，其实在中国现阶段出诗集是很难的事情，因为它很难赢得商业上的成功。但他说，这并不妨碍我们仍然爱它。

艺术让他返老还童。

他还对詹慧川说，他 76 岁了，他特别幸福，因为他永远像个孩子一样天真，像孩子一样的纯粹。这是所有与他的对话中，让她印象最深刻的一句。无疑，这也是一种启示。"跟国际级的设计师合作，只有在一个层面上的对话才有可能会成功，就是大家抛弃不同的价值观体系。把世界级的建筑美学引入中国，我们需要单纯地用孩子般的眼光来看待作品本身。"詹慧川说。只有这样，才能让自己的心灵得以栖居。只有让自己的心灵得以栖居，才可以活成孩子。

在保罗·安德鲁之后，安迪·沃霍尔[1]"接踵而至"。如果说，安德鲁为金桥艺术商场塑造了其形，那么，还需要像安迪·沃霍尔这样的大师，为其灌注精神，塑造其神。

《建筑的永恒之道》中，曾如此说："建筑和城市要紧的不只是其外表形状，物理几何，而是所有发生在那里的事件——重复的情形所给予的人的事件、物的事件：火车的飞奔，水的下落，结构的缓慢开裂，草的生长，雪的融化，铁的生锈，玫瑰花的开放，夏日的酷晒，烹调，爱恋，玩耍，死亡。"这也意味着，金桥艺术商场要想永恒，就必须要成为各类事件的发生地，让它在更深的层面上，和消费者进行友善的对话。如今的谢坚，便有这样的准备，那就是努力推动让艺术进商场，让艺术进商户。

---

[1] 安迪·沃霍尔（Andy Warhol，1928—1987），曾当过画家、前卫电影制作人、档案家、作家等，但他身上最为著名的标志，是视觉艺术运动波普艺术最有名的开创者之一。他影响了草间弥生、杰夫·昆斯等一众当代艺术家。他发明了广为流传的"成名 15 分钟"理论，也就是"未来每个人都能当 15 分钟名人，潮流的寿命比不上安全套"。

只是，想让安迪·沃霍尔的设计理念再现金桥艺术商场，并不那么容易。有人就不理解，一个商家，或者说家居店，引进什么艺术家？！他们到底想干吗？！同样，对艺术圈来说，这样的做法也显得很突兀。艺术家虽然来这里能赚钱，但内心总会觉得"掉价"。

作为安迪·沃霍尔的生前好友和策展人，森内敬子[1]就对此颇为踟蹰。尽管这么多年，她一直在做着这样一件事情，那就是让更多的人知道安迪·沃霍尔，传承安迪·沃霍尔，爱安迪·沃霍尔。红星美凯龙传达出的合作意向，倒是令人心动，但是放在这样一个地方，符不符合安迪·沃霍尔的调性呢？

谢坚的下属熊炜琪就记得，为了谈成此事，部门做了很多的工作。最重要的是，需要不停地跟她强调红星美凯龙的企业理念，以及金桥艺术商场本身的美。这无疑打动了她，让她产生了某种情感上的共鸣。

在来金桥艺术商场一探究竟之前，森内敬子曾用现代派的手法，描述了一幅她想象中的金桥艺术商场，上面就是一些宇宙、星空，在这中间，有一些建筑。画面非常抽象，但能让人看出，它结合了中国的佛教，以及禅意。她后来解释说，她是想将星空、宇宙最后都汇集在红星美凯龙金桥艺术商场，因为这些东西就代表着生活的本质，决定着每个人生命质量的最终途径。而这也是红星美凯龙所应当倡导的。

---

[1]　森内敬子，日本当代艺术的先驱者，日本画坛的常青树，师从日本具体美术协会创设者吉原治良先生，曾留学美国，活跃于纽约艺术界。作为国际资深策展人，其作品色彩炫丽，构思精巧，把中国传统的历史神话用当代艺术的手法进行了诠释，画风新颖，内涵丰富。如今的她，除了作品广受新一代收藏家、投资机构的青睐和热捧之外，本人也是国际资深策展人，常现身于世界艺术现场。

幸运的是，她在金桥艺术商场，找到了想象中的感觉。于是，在金桥艺术商场，这样一个场景便被搭建了起来。家居商场里常见的大白墙，被刷成了彩色的背景，和大部分家庭环境高度吻合；同时，商场又整合了几家著名家居品牌，组合成一个温馨、美好的家居生活场景。在这样的场景里，再配上安迪·沃霍尔的版画，一下子就被画龙点睛了。这些版画，都是授权签名的版画。

在现场，森内敬子显得很开心，甚至还主动给红星美凯龙题了一幅字，叫"艺起回家"。言下之意，就是和艺术一起回家，和美一起回家。让每个中国人，生活中必须有艺术，也必须有艺术地生活。只不过，森内敬子还特意耍了一个"小花招"。在写到"回"字时，她故意留了一笔，没将"回"字彻底封起来。她说，这个就留给车总。等到车总有心情的时候，将它封上。最终，功德圆满。

在某种意义上，红星美凯龙是幸运的，也是有眼光的。

它通过内外兼修的打造，让其成为中国商业中的最美渠道之所在。它们的出现，为我们所生活的城市，增添了更多的"正面空间"。它们的存在，不仅为产品创造美学价值的情景体验，更让消费者和商户变成新价值的共同创造者。这里有交易，更有交流，有利润，更有滋润，可以童心未泯，可以奇思妙想，这是一个城市的思想地，一个泛家居生活体验地。每到这里，人们总会生发出"登斯楼也"之叹。一如范仲淹在岳阳楼上的感慨，"登斯楼也，则有心旷神怡，宠辱偕忘，把酒临风，其喜洋洋者矣"。今日，我们同样临栏凭风，同样其意气洋洋者矣。

这其实也是艺术和诗，在当下的功效。

在过去相当长的时间里，艺术之美常常被功利所羞辱，每个人都像饿狼那样去扑食，即使是孩子，也在社会激素的催化下，早早地露出成熟的模样，让人找不到安德鲁那样的天真。然而，艺术可以隐身，但从不会退场。

低级的无聊靠娱乐慰藉，高级的无聊靠艺术慰藉。这便是艺术带给商业的无私感动。

M

[美问]

红星美凯龙商场从第一代店到第八代店是如何逐步进化的？

第一代：租赁厂房经营家居市场

1988 年，我们开始产销一体化，前店后厂经营家具。1991 年我们开始租赁厂房经营家居市场，市场的商品比较丰富，销售形式也比较灵活，有厂家直销也有渠道代销。

第二代：自建商场

20 世纪 80 年代，租赁厂房经营家居卖场存在一定的问题：1. 由于这些厂房最初建造时的用途并不是家居卖场，格局往往不实用，环境较差，而且改造成本较高；2. 租赁成本较高；3. 不稳定，租约到期后是否能续租，以及涨租等不确定因素较多；4. 有的商户欺诈消费者，服务无保障，持续经营很受影响。于是，第一代商场模式很快被抛弃，我们开始拿地自建商场，这种模式充分发挥了红星美凯龙和商户各自的专长和主动性，减少了中间环节，降低了交易成本，实现了红星美凯龙、厂商和消费者的三方共赢。

第三代：市场化经营，商场化管理

1996 年，我们在扬州率先实施"品牌捆绑式"经营，进行"市场化经营，商场化管理"，当时提出一句口号：像炼油一样，不断把好的提炼出来，把差的淘汰出去。通过优胜劣汰，红星美凯龙率先在中国建材、家居市场开始了优化品牌、升级市场的行动，推动了整个行业的升级。

第四代：连锁品牌市场

1998 年，我们借鉴连锁模式，创建了连锁品牌市场。更有效的连锁运营、单店规模上新台阶后，红星美凯龙品牌开始走向全国。

第五代：对所有售出产品负全责

2000 年，我们在全国率先推出"所有售出商品由红星美凯龙负全责"的服务，让红星美凯龙从场地租赁的后台，到直接服务顾客的前台，均践行"无理由退换货、先行赔付、绿色环保"等服务承诺。

第六代：江南园林式环保商场

2003 年 11 月，我们成功建设了全新的绿色生态家居商场，探索出融商业经营、休闲观光等于一体的国际一流的家居购物中心，它集智能信息、文化传播、展览演示、购物休闲观光于一体，是中国第一家具有国际一流生态环境的家居商场，引领了中国家居业的绿色生态革命和经营业态的新一轮升级。

第七代：情境体验家居 MALL

2007 年，我们将中国传统商铺模式与西方 Shopping Mall(大型购物中心模式)相结合，推出情景化布展 + 体验式购物的家居 Mall 新形式，消费者参与居家审美体验，感受居家美学。

第八代：世界第一座公园家居商场

2008 年 6 月 19 日，划时代的红星美凯龙第八代超大型公园式家居商场在上海开业。公园式的环保、休闲、娱乐环境打造，对 50 年后及 500 年后未来之家的逼真模拟，让它走到了世界家居卖场的最前沿。

作为中国家居流通业的第一品牌，我们于 2012 年迎来全国 100 家商场的规模落成，成为中国家居行业第一个拥有百家商场的企业，开启一个红星美凯龙式的全新格局：全球家居，百 Mall 时代。

为什么要做金桥艺术商场？

家居的最深处是艺术。当渠道美学发展到一定阶段时，就会进入艺术的领域。和第七代店的标准商场不同，艺术商场具有唯一性。艺术商场无法复制，它从一个特定地块上生长出来，与周围的建筑、街道等人文载体一脉相承。

金桥艺术商场是什么概念，一开始是怎么提出来的？

金桥商场是蜂巢的概念。这个概念的提出经过了漫长的构思过程。最早是由北京奥运会开幕式导演团队铁三角之一的王潮歌导演提出创意。在沟通的过程中，我们提出了民族品牌国际化——即"民族文化支撑民族品牌，中国家文化支撑红星美凯龙品牌"。一是要挖掘中国家文化的内涵；二是要用国际化、时尚化的创意方式呈现，以艺术商场为载体，在全球范围都能引起关注；三是发展多层次的家文化内涵，以建筑的外观、内部格局、情景展示等多种形式综合呈现，给予受众全方位的文化体验，兼顾艺术和商业价值。于是，从空中漂浮的家具到琥珀的痕迹，从快乐的餐桌到水的建筑，从网络的色块到山水田园，从徽州古镇到镜像北京，经过 20 多轮的概念讨论，最后确定了蜂巢的概念，因为蜂巢具有这样的联想：蜂巢是家，蜂巢是甜蜜。在概念提出来之后，通过台湾设计大师林书民对接到法国国宝级建筑设计师保罗·安德鲁，并邀请他进行建筑设计，最终成形金桥艺术商场。

内心折射的多元审美

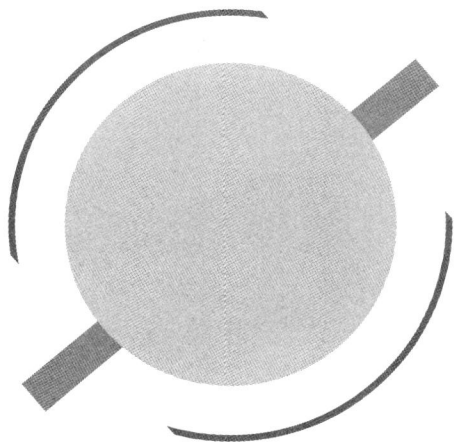

1.

米兰，城如其名，未及靠近，便闻芬芳。它是凯尔特语 Mid-lan 中的"平原中心"，事实上也是美的中心。它有足球美学，国际米兰和 AC 米兰成了亿万球迷的心头好。它有时尚美学，到今天，依旧是世界时装首都之一。其蒙特拿破仑大街上的时装商店举世闻名，而米兰时装周一直被认为是世界时装设计和消费的"晴雨表"。

同样，每年 4 月举办的米兰国际家具展（米兰展），也被誉为世界家居设计及展示的"奥斯卡"与"奥林匹克"盛会。

除此之外，它还有阿尔法·罗密欧〔1〕，以及米兰大蛋糕（Panettone）〔2〕。

车建芳每年都要去看米兰展。每次，她都毫无例外地被米兰展所陶醉。对她而言，这是一个完全不同的童话王国，我们能想象中国人的居家空间是什么样的，一张桌子，几把椅子，大多朴素无华，能用就好。但这里不一样，你满眼看到的都是色彩在飞舞，完全想象不到它们可以撞色成这样。再看家具材质，也是多种多样。像那种用树脂做的椅子，看上去又轻又小，有点包豪斯风格〔3〕。坐上一上午，你都一点不觉得累，很舒适。说起来，它是完全按照人体工学原理设计的，不太讲究空间造型，但线条、做工都非常精致。更重要的是，这些家具并不是单一、孤立和分割的存在，不是椅子是椅子、桌子是桌子，它们自身的造型色彩，与空间里的光线、氛围，相得益彰，融为一体。无疑，这才是真正的家居生活。

站在自己一帮同事的面前，车建芳伸出双手，像要深情拥抱这个世界。她说，只有去了那里，你才会发现东西方审美之间的差异。中国人在雕、漆这些事情上有非常强大的功底，但是到了金属、皮质，你就会发现一定是西方人最

---

〔1〕　阿尔法·罗密欧（Alfa Romeo），意大利著名的轿车和跑车制造商，其生产的运动车和赛车，均由意大利著名设计师设计，拥有浓烈的意大利风格、优雅的造型和超群的性能，在世界车坛上一直享有很高的声誉。

〔2〕　Panettone，米兰最具代表性的特产，一种夹有葡萄干和蜜饯的圆形大蛋糕，松软可口，原是传统的圣诞食品，现在遍及米兰街头。

〔3〕　"包豪斯"是德文 Bauhaus 的音译，原是由魏玛艺术学校和工艺学校合并而成的工艺美术院校的名称。在设计理论上，包豪斯提出了三个基本观点：①艺术与技术的新统一；②设计的目的是人而不是产品；③设计必须遵循自然与客观的法则来进行。所谓"包豪斯风格"实际上是人们对"现代主义风格"的另一种称呼。

为擅长。所以，这既是两种文明的碰撞，也是我们灵感的来源。

2.

如果时间倒推几年，这种灵感之旅，未必是一种很好的体验。

车建芳就曾被堵在了米兰展的门口，欲进不能。作为车建新的妹妹和他的左膀右臂，在公司里被称为"小车总"的车建芳，自然要去米兰展接受一下美的熏陶。她记得自己第一次是跟着江苏家具协会去的。一开始她怀着兴奋的心情，但没过多久就变得压力很大。因为米兰展上的参展商一见到东方面孔就紧张，如果手里再拿着相机，就更紧张。他们会不停地盘问：你是哪里人？到这里来做什么？如果是中国大陆的，对不起，说句不准，你连进去的机会都没有。

有人就劝她，下次你就说自己是日本人，或者就说是中国台湾人。车建芳断然否决："如果这样说，我宁可不去。这是我的原则。"这种被人当贼防的感觉，无疑让人憋屈。在西方人眼里，中国虽然是个制造大国，但绝对不是创造大国，而且还是个拷贝国家。所以，去哪里，别人都防着你，就怕你将他们的创意，给顺手牵羊了。

要命的是，这种歧视还无处不在。日后去美国高点展也一样。好在西方人看红星美凯龙不是生产商，而是家居流通企业，这才迁就了。但她认为丢不起这个脸面，也不参观了。这种感觉让她很是震撼。

中国真的就缺失创造吗？

想我有着数千年文明的泱泱中华，创造力又去了哪里？如果说，创造是为了"人生和世界的丰富性"，其终极关乎着美，那么，美也是创造的根源。在某种意义上，它和美互为因果。它的萎靡，也源于对美的阉割。

如果寻找病因，最起码有两点。一个病因就是"西方中心论"。自从"鸦片战争"败给西方，我们似乎就丧失了文化上的自信，在面对西方国家时，自觉矮了一截。另一个病因则是，中国自身的社会变动，打破了传统，也消灭了贵族，让中国文化出现了断层。自然而然，西方逐渐掌控了美的阐释权、表达权，以及定价权。它带来的一种恶果就是，当国人在和这个世界对话时，不由自主地选择用别人的语言，说的还是别人的故事。

于是，我们便看到，来自西方的快时尚在身边风靡一时。与此同时，中国的当代艺术，包括设计，发展了 30 多年，都一直没有拿出属于自己核心价值的东西，还被外界视为仅仅是跟着西方的脚步。这更加让西方国家觉得高高在上。

解决这种问题，也有两种方式。一种就是"拿来主义"，即请进来，而非偷进来。另一种是让它们能心情舒畅地做一个好老师。

由车建芳分管的招商管理中心便努力承担起这份责任。中心总助宋晓宁记得，在 2000 年左右，中国的家居行业就已经开始引进进口品牌，类如北欧风情等，不过，引进之后却是松散型自由生长，没有什么太多的战略部署和规划。直到最近一些年，一边是持续的购房热潮，一边是更多的消费者走出国门，加上留学生的数量也日益增多，进口品牌才逐渐被人接受，其中就有来自意大利的 Natuzzi 和夏图、法国的写意空间和罗奇堡……

正如"全球家居，品牌典范"这一标语所展现的那样，红星美凯龙显然早已预感到这一趋势，并提前布局，到宋晓宁 2012 年加入红星美凯龙的时候，公司已经明确要做国际馆了，并成立了国际品牌 B2B 的运营中心。

如果说国际馆是为了服务于所有希望进入中国市场的进口品牌，那么，运营中心则是为了提升那些进口品牌的经销商的审美品位。一方面，让国外的经销商了解中国市场，并进而更加重视中国市场；另一方面，让国内的经销商更加清晰品牌的定位，理解这些品牌的内在特性和内涵，让他们意识到，这些进口品牌并不是那么曲高和寡，那么难做，或者避免他们纯粹为了追逐高额的利润，而去做这些进口品牌。

在 2015 年，招商管理中心便组织了一些经销商去国外游学，也就是培训和学习，看看人家的工厂是怎么做的，那些品牌的精髓在哪里，它们的发展路径及产品运作是怎样的，对未来又有怎样的期望……这些经销商的目的地，就是米兰。其中，米兰家居展就是最为重要的一站。

身为招商管理中心总经理，胡利杰也曾追随着车建芳多次在意大利走街穿巷。在全球古典家具最负盛名的城市佛罗伦萨走访时，她们发现，哪怕是街边店里的一个小门帘，都是传承了几百年的手工艺品。一打听，这些店不是几百年前给皇室打过什么金器，就是缝制过什么样的衣服，到如今开始转业做手表。你想想，这样风风雨雨坚持下来，米兰展上会没有好的设计么？要知道，手工和设计是孪生兄弟，两者是分不开的。

更重要的是，他们不仅自觉传承手工艺，还将好的手工艺提升到了很高的位置，将其视为国宝。在跟意大利企业交流时，胡利杰得知，即使是在二战以后，世界各地的经济都处于恢复之中，企业再困难，工资再发不下来，他们也不会让手工艺人或设计师饿肚子，不需要他们干一些苦力活来养家糊口。有些企业没熬过来就倒闭了，但熬过来的企业，之后大多数就会变得很好。因为它没有将传统手艺丢掉。

即使到了当下，欧洲经济形势低靡，但他们依旧没有抛弃对手工艺的尊崇。许多欧洲的青年满 18 岁了，或者大学毕业了，都会乐于到一家工厂，当一名学徒，然后耐着性子慢慢干起，细细打磨每一个细节，把这些工艺品做得百分之百的精致和完美。

这种经历需要时间，需要"坐下来"，"二代"们非但不把它当累赘，反而将其看作一种特别巨大的荣誉。换作我们，肯定嫌这不体面，不如去当个律师，或者搞搞金融。但这就是欧洲会有那么多品牌的重要原因之一。

不得不说，这些进口品牌的进入，到被国人所接受，在很大程度上为中国设计，乃至社会生活普及了家居美学，让人从中得到生活的最大享受和尊重。同时，这也给我们以宝贵的启示。

只是，拿来主义并不能让我们变得更强，打铁还需自身硬。这也意味着我们所需要做的另一种方式则是"拿去主义"。也就是说，努力地扶持中国的原创设计，通过自我奋斗，证明给别人看，也证明给自己看。

正如伟人所说，星星之火，可以燎原。

3.

其实，中国人是有创造能力的。车建芳一直都这样认为。她说，以前不管打家具也好，做衣服也好，都是由木匠或者裁缝提供上门服务。他们会根据你的要求，量体裁衣。现在再回过头去看，这不就是当下被当成时尚的定制吗？这种上门服务就是定制。只不过，它随着工业化的发展，被甩出了人们的视线，最终又借助时尚还魂。但不管如何，这些都说明，中国人有属于自己的创造能力，中国并不是从头到脚、从始到终都是西方人嘴里说的拷贝国家。

那么，接下来我们又应该做些什么呢？车建芳决意要成立一个家居业的中国原创俱乐部。倡导自身有设计师的厂商，做自己的设计，多为中国出一些有特色东西。自身没有设计师的厂商，也要想办法寻找设计师一起合作。

谁都知道，请设计师不仅要花大价钱，而且还费功夫，不如直接去拷贝别人的来得快，但是，如果再这样做，会让中国的企业陷入恶性循环，依旧停留在别人的固有印象里。尽管原创俱乐部改变不了其他企业，但在这里的人，就一定不能互仿。这在某种程度上，保护了企业在原创上的积极性。

不积跬步，无以致千里；不积小流，无以成江海。原创俱乐部只要坚持下去，总会影响更多的人。车建芳有个原则，**谁要在这个平台上开店，就必须有 70% 的产品 +30% 的作品**。产品可以是工业化的成果，但作品必须是个人化的结晶；产品对应的是大众的普遍需求，但作品必须符合小众的审美趣味。产品过多作品过少，会让整个商场容量有余而特色缺失；产品过少作品过多，那整个商场就全是特色，也就没了特色，让消费者无从下手。这样的商场，同样很容易就关门。

这只是扶持原创的第一步。接下来，要让中国设计，被世界看见。于是，米兰展又一次成了红星美凯龙选择的对象。这个机遇源于北京国际设计周。设计周组委会的办公室主任是周茂非先生，曾在意大利待过多年，对米兰展了如指掌，也很愿意为中国的原创献策出力。

车建芳便主动询问他，中国的企业能不能去意大利？显然，这样的询问，已绝非为了参观，而是问企业能否直接参展。周茂非给出的答复却让人有点沮丧，那就是米兰展的主场馆依旧不对中国大陆的企业开放，至今如此。

不过，它还有场外展。

车建芳打定主意，不管如何，我们都应该告诉世界，中国人其实是有创造力的，我们做出来的东西，也是不错的。有个问题是，去米兰参展，需要有个好的策展人。判断一位策展人是否优秀，就看他能否将故事说得让全世界都能听得懂，让民族的，也成为世界的。

这时，著名家具设计师朱小杰[1]的名字，及时地从车建芳脑海中跳了出来。在车建芳的印象里，这是一个有点不食人间烟火的人，基本上不怎么出来。冬天外面冷得不得了，他却窝在温州的家里，将家里弄得温暖如春，只需穿个短袖。然后再摆好桌子，点上一炷香，才开始画画图纸，做做设计。当然，身边还少不了一条狗，颇有些闲云野鹤的名士风范。不过，他在设计上，却

---

〔1〕　朱小杰，著名家具设计师，中国家具设计委员会副主任。2010 年上海世博会上，他为中国馆外宾接待厅设计了 80 多种、400 多件家具。这些家具代表中国形象迎接来自世界各地的外宾。

又显得很现代，喜欢用现代手法来表现传统的精神，有时用形状，有时用神态，有时用工艺，有时用材料。他特别擅长运用材料，木头、竹子、皮革、金属、玻璃、塑料，在他的设计中随处可见。

她给他打电话说："朱老师，我找你有点事。"他就问是什么事。她怕电话里一时半会讲不清，也怕他不出"山"，就说想跟他当面聊。出于尊敬，他就打飞的直奔上海。来了之后，她就开门见山地问他，自己想将原创俱乐部的成员企业推到米兰做个展览，你觉得怎么样？有些意外的是，他也很直接地说，好啊，那太好了，这个是好事情，只是没有一个人愿意做这样的事情，没有一个企业愿意做这样的事情。

她又跟他讲，这次去米兰参展，包括家具的运费，由红星美凯龙来出，所有场馆的租借费用，也由她来承担。他马上说好，反过来又问她，需要他做什么，你尽管说。她这才说，你来做这次的策展人行不行？他说，我义不容辞。我不要一分钱。朱小杰为这场"汇报演出"，定下了这样一个基调：坐下来。他选取的作品，都是与中国的坐具有关，其背后是中国的椅子文化。

2012 年 4 月 17 日，出现在米兰家具展分会场的所在地 Zona Tornona 区里，共有来自 50 多位中国设计师的 80 件椅子作品。其中有当代中国设计名家吕永中的"苏州扶手椅"，其借鉴中国明代圈椅的圆满结构，结合网状结构力学，椅背处融入苏州窗棂、小桥的设计，整体看起来轻柔大气，让人在苏州园林的意境中，品味吟唱评弹的江南风情。

也有设计师海晨的 "鱼缸椅"，其座椅底部采用旧时大户人家用来养鱼的花纹鱼缸做造型，椅面和椅背则配以木质面板，让整把椅子透着中国古韵。

如果说椅子是中国的"语言"，那么，他想说的故事，也是中国的故事。他对车建芳说，中国当下的发展太快速了，整个社会就像上了发条，停不下来。很多人都跑得太快，将灵魂落在了后面。

所以，我们要学会坐下来，慢下来，要歇一歇，想一想。

于是便有了以上的设计。这样的设计打动了詹慧川。在她看来，"美学根植于东西方的文化，各自独立发展，从内涵到外在形式，都呈现出截然不同的人文气质。在今天，东西方美学不仅是感官形式的差异，也是世界观的碰撞"。

宋丹看了后也很兴奋。这位企划管理中心的副总经理，喜欢将美进行拆解，就像他所喜欢的蒋勋那样，将诗歌拆散为文字、音节，把绘画拆解为形状和色彩，把雕塑还原为重量和质感，而建筑则回归到初始的空间。

他记得一本叫《视觉锤》的书中说，在这个信息过度的时代里，品牌如果要得到传播和记忆，你就需要依靠具有情感诉求的视觉，即一把能扎进人脑的视觉锤。

那么，这次的演出，就是一把视觉锤。咣当一下，就将美砸进了人的脑海。车建芳也一扫当年米兰展给她留下的憋屈。

这次展会来了很多人。让她记忆犹新的是，开幕当天，请到了当时米兰分管工业的市长、中国驻米兰办事处的领事馆总领事，好像中国驻罗马的领事也到场了。另外，还有一堆到米兰参展的美国人、英国人，他们不仅很热情地过来捧场，甚至还邀请她去他们的国家做展览。这让她有些骄傲，回复说，我们也只是刚起步，等成熟了，去哪里都不成问题。

还让她感到惊讶的是，第二天一早，就有在罗马的朋友急急忙忙打来电话说，建芳，我看到你的照片了。她便问，你怎么会看到？好奇怪。后来她才知道，当时在场的还有一些外国的媒体记者，他们回去都发了新闻，而且很多都是头版头条。

不过，这一天，她也遇到了很大的麻烦。这跟参展的中国厂商有关。他们看到这些作品很受欢迎，动了想卖出去的心思。她说，卖出去可以，但也得等到最后一天。厂商都说不行，怕顶不住。有些老外就蹲在那里，说不卖就不走。她有些生气，说距离撤展还有五六天的时间，你总不能让人过来看一个空场子吧。最后她干脆告诉他们，一个都不允许卖，等着拉回国。这下厂商说她真的疯了，拉回去不要运费吗？节约一点钱不好吗？她说，我不疯，你要明白我们到米兰是干什么的，不是为赚钱来的。最后的结果是，作品差不多都运了回来，但也有 20% 的作品被偷偷卖掉了。

第二年，这样的故事在米兰再次上演。策展人依旧是朱小杰，主题依旧是"坐下来"，不过这次有个副标题，叫"品茶、品道、品设计"，参展的 20 多位国内知名设计师及家居品牌，以极具中国文化韵味的"喝茶"文化，同样也表达了"坐下来，慢下来"的故事。

这两次"受宠"，既是意料之外，也是意料之中。

在车建芳看来，这足以印证中国创造不被重视，甚至被蔑视，不是因为中国缺乏人才，也不是中华民族创新土壤贫瘠，而是一直以来我们缺少专业的并愿意为中国设计走向世界而努力的优秀助推机构和企业。所以，红星美凯龙要"知敬畏、勇尝试"。尤其是当她发现，中国"第一夫人"彭丽媛女士也在全世界身体力行地使用中国原创设计，就更加坚定了自己做这件事情的信心。车建芳说，中国原创设计很快会成为当下中国社会新的消费热点，它也将成为中国商业美学复兴中的最重要一环。

4.

这无疑是一场东方美学的自我复兴。

如果说文艺复兴让欧洲走出了中世纪的黑暗，那么，东方美学的复兴，让中国在全球化时代重新确立了自身的存在和价值。

自 20 世纪 80 年代起，中国一系列的乡土作品开始崛起。2012 年，莫言作为中国作家终于拿到了在国人心中一直高高在上的诺贝尔文学奖。张颐武在评价他时曾如此感言：中国的崛起和发展带来的结果是，中国文明已经不能被忽视。从今以后我们可以淡定自信地面对一切了。这为全球文明格局带来了很大的改观。尤其是西方现代化所造成的一些问题，如环境污染、生态危机、人的精神——心理焦虑、信仰危机等正日益困扰人类，更让中华文明有了被重新发现、审视、整理和评价的必要。

从中国的传统哲学与美学中寻找有价值的资源与养分，然后结合当下社会与时代的背景，创建出与西方现当代艺术路径及价值判断不完全一致的中国自己的艺术体系，成为或正在成为中国整个文化界正当其时的一种文化自觉。

中国艺术家的使命不是去追随西方，而是要消化东方的美学精髓，创造出一种新的美学形式来。这是中国艺术圈有识之士的共识，不管是艺术还是设计，或者其他什么，中国的文化正在发生天翻地覆的变化。

事实上，在众声喧哗中，一条隐匿的美学路径如今正跃入眼帘。由王国维奠基，经由朱光潜、宗白华、李泽厚等20世纪中国美学家深化和完善的"意境说""境界论"，成了现代社会最具有活力的思想资源。王国维在《人间词话》中说，人生、自然、社会、艺术与宇宙具有同一性，在终极意义上，它们在"境界"里得到统一。这种说法，尽管受黑格尔[1]"美在自由"的影响，也跟德国美学的若干主题有关联，如感性与理性的统一、主观与客观的统一、有限与无限的统一、一般与特殊的统一，但它无疑符合中国传统哲学和美学的根基。

中国自古就讲究天人合一，形成了农耕社会的经济基础下、以中和为美的美学根基和以诗乐书画民间艺术为依据的中国审美的艺术根基。在这种哲学和美学看来，实践是人作为生命的存在方式，人通过实践活动把个体—社会—自然—艺术联结起来，形成一个有机统一的整体。总而言之，境界论是中国现代美学对古典传统美学的总结，也是未来美学的起源。

沿着这条美学路径，我们既要从对生命存在本身的感悟中，去理解和把握审美和艺术问题，也要把审美问题放在宇宙人生的整体中去思考。也正因为此，当代美学的视野从原先的艺术、自然风光，拓展到环境、社会，进而向人类

---

[1]　格奥尔格·威廉·弗里德里希·黑格尔（Georg Wilhelm Friedrich Hegel，1770—1831），德国最伟大的哲学家之一，代表德国哲学中由康德启始的德国古典哲学运动的巅峰，德国古典哲学集大成者。其思想体系是马克思唯物主义辩证法的主要源流。

的日常生活开放。

让每段生活都充满诗意。让愉悦、和谐、丰富、统一和创造，成为当下社会的解药。

这也成了东西方不约而同的价值取向。不得不说，这种请进来、送出去的过程，让中国的商业美学和全球的商业美学有了一次重要的交汇。在某种意义上，双方也寻求到了方法论的共识。

一，所有优秀的设计，都在"道"，而不是"术"。"道"是精神，是理念，是文化。没有精神的设计，肯定打动不了人。

二，每一种视觉和设计的背后，都是生活美学的表达。通过对生活中的每个细节的刻画，我们寻求着与世界的共振，达到与世界的和谐。

三，我们都需要"坐下来"，静一静，想一想。一个被世俗或者物欲逼得急吼吼的心灵，是没有想象的空间的，也不会有容纳美的空间。

尽管东西方美学在世界观层面存在着差异，但这也会让两者的碰撞充满着各种延展性和可能性。

红星美凯龙相信，在国际视野中，将中国传统美学嫁接于西方当代设计理念，是一种强大的力量，一定会给中国商业带来新的活力。这不禁让人为之感叹：曾经，我们以米兰为世界，并极力想融入这个世界。如今却发现，我们一直就在这个世界。并不曾远离。

M

[美问]

和西方相比，当下中国人选择家居产品有什么样的标准？会有什么样深层次的心理需求？

中国社会有两大文化：一是儒家文化，二是佛教文化，两者都注重礼仪、注重美感。欧美的家居空间是卧室特别大，比较注重自己的舒适感；而中国人的家居空间通常是客厅最大，特别在意让客人舒适。在这种人文倾向里，中国人的家居具有向社交圈子展示自我品位、自我审美、自我风格的作用。

如果说宜家是北欧风，MUJI 是极简风，那么，又如何定义红星美凯龙的产品风格？

与宜家的北欧风格不同，我们认为，世界是多元的，美学的背后是一种价值观，家是一个人内心的投射。红星美凯龙汇集全球美学，有巴洛克的气质、古典主义的优雅、包豪斯的性感、波普的清纯，让你找到属于自己的魅力真我。

设计对家居零售的意义是什么？

也许 20 年前消费者买沙发主要是为了休息，买床品主要是为了睡觉，买餐桌主要是为了吃饭，而今天的消费者已经不仅仅为使用功能买单了。这就需要我们在生产家具的时候，更多地重视设计，而不仅是把产品生产出来。与此同时，随着消费者价值取向的变化，家居产品的价格越来越多地取决于设计。中国家居行业的发展，注定对设计的依赖会不断增强。设计一定会成为行业下一个发展重心。迄今为止我们国家还是一个 OEM（代工生产）的强国，并不是设计的强国。接下来的 10 年，中国会进入一个新的、强调设计、强调创造的时代。红星美凯龙在这个领域的位置，将决定自己在行业中的位置，在消费者心中的位置。我们一直追求对行业发展有所贡献，在设计领域的投入也逐年增大，包括连续数年在米兰办展，把中国家居设计带到国际舞台。

最美不过灵魂深处的共鸣

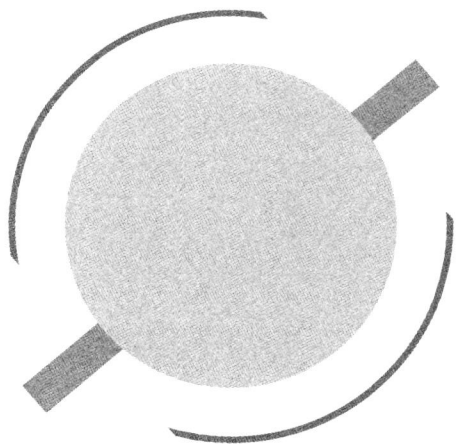

1.

今天，每个人都承认，红星美凯龙是知名的家居品牌。有个问题是，什么是品牌？我们又如何理解互联网时代的品牌？或者，品牌就是"名声在外"。但知名度真的就是品牌吗？

央视就出过一些"标王"，像秦池，就因为打知名度而丢了品牌。或者，美誉度是品牌。

但谁又能解释某白金呢？被评为恶俗广告的它，美誉度是低的，但让专家们"生气"的是，"这不影响它是知名品牌，而且卖得还很好"于是，有人又接连提出了其他几个标准，如忠诚度标准，认为品牌就是让顾客产生排他性，但是重复选择同一产品，不一定就是忠诚。

那么，到底什么是品牌？事实上，品牌的本质特征，在于通过信用或信任降低消费者的选择成本，提高选择效率与效能。在某种意义上，品牌卖的不只是"酒香也怕巷子深"的吆喝，更是卖意义。说到底，它卖的就是人心。

这也让商业美学有了等级分明的三个层次：

第一层，诉诸感官。产品、情景和品牌外在形式上极致的美，是消费者被吸引的第一因素，可以第一时间产生刺激和快感，并且产生积极的心理联想。

第二层，诉诸情绪。产品、情景和品牌以特定的形式介入消费者的生活，在与消费者互动的过程中，演绎具有特定情绪和情感的生活方式，促使其大脑对表象进行加工，产生共鸣感，触及内心。

第三层，诉诸价值观。审美逐渐从表层进入深层意义，促使消费者形成系统的而不是割裂的审美品位，并且扩展想象，最终加深对个体人格的理解，真正提升生活品质。

这就是推崇公平、正义、个人奋斗的好莱坞电影会历久不衰的原因。因为它们深入人心。对詹慧川来说，她所要把握的，正是这些人心。热爱生活的她，很明白自己乃至这一代人都喜欢什么，需要什么。在她看来，这个时代的消费者已经和过去有很大的不同。

60后、70后生长在一个信息闭塞、物质匮乏的时代，对于他们来说，审美是"非分要求"。如果说个人价值的实现很大一部分是建立在物质丰富的基础之上的话，80后、90后则完全不同。家庭、社会为他们提供了很好的物质条件，他们从小就接受非常好的教育，也包括大多接受过在音乐、美术等艺术方面的审美观的培养。所以80后、90后知道什么是好的、健康的，什么又是美的，这已经成为他们的成长基因，深深地烙在他们的骨子里。这不仅影响了他们在这个时代的消费品性，更对他们今后的人生走向以及就业方向，起着很重要的决定作用。

"商业本身来源于对社会的理解和洞察，代表了时下的当代性，是美学最好的载体和互动。"詹慧川说，"对于家居品牌来说，重要的是如何鼓励消费者去认识自身的审美趣味。"这也是她及她所在的团队，要努力的方向。

这里肯定少不了"爱家"[1]。

在某种意义上，爱家是家居生活美学中最不可忽视的"奇点"。美的本质是爱。没有对家的爱，所有的家居美学，便都是无本之木、无源之水。正是基于对这一意义的认知，从2010年开始，红星美凯龙就已经在推广"爱家日"了。正像前文所说，有些人只有房子，没有家，当然，有些人有家，但却不回家。这让中国社会，不仅出现了蚁族、啃老族、卡奴、"外貌协会"……还多了一个"失陪族"。

---

[1]　关于爱家，红星美凯龙曾拍过这样一段纪录片。

张怡筠：家，没事，我们俩就在家耍宝穷开心。

袁岳：给老妈洗头，梳头。

曾子墨：自己的舞台是在有家人的地方。

袁岳：最大的满足在于家。

曾庆瑞：家人永远都是你最忠实的观众。

张怡筠：一个充满爱的家，就让幸福变得很简单。

如何让人意识到家的重要，让人回归家庭？

红星美凯龙用一个《让一亿人触目的不在场证明》的视频，细致入微地勾勒出了这些"失陪族"生活的细枝末节：家里的大沙发很漂亮，也很舒适，却好久没有等到你在那里安静地翻一会书了。年老的父母在餐桌前相对而坐，却静默无语。想想你有多久没为家人端上自己亲手做的美食了，你有没有想过他们在你脑海中的样子是否还停留在昨天？有没有想过，你的生日最该和谁一起度过。你在外面耗尽了所有的热情与耐心，然后用最简单敷衍的方式来对待他们……这些情节总让人看得面红耳赤，心跳加速，犹如懵懂中的一声棒喝。

但这还不够。

于是，又有了这样一次行为艺术。在上海著名核心商业区——人民广场旁的港汇广场，出现了三个人物的雕像。一左一右是一男一女两个大人，中间牵着一个孩子。一眼就能看出，这是个温馨和睦的三口之家。不过孩子是用冰雕的，父母是用颜色相似的塑胶做成的。随着时间的流逝，孩子慢慢地融化，逐渐地不成人形，最后彻底消解，在父母的手掌中"失踪"了。同一时间，北京的世贸天阶，同样的三口之家，但不同的是，父母是冰雕的，孩子则是用塑胶制成的。最后，孩子依旧在原地，但父母却消失不见。这个创意，鲜明地表达出一个中心思想，那就是：爱家，刻不容缓。

但这也还不够。

于是，又有了倾情打造的微电影《时间门》以及《狠爱你》，虽然由不同的导演拍摄，但它们的主旨无一不是关注家及家人的存在。在每一天的迎来送往中，我们到底给予了家及家人们怎样的爱？如果时间真有门，回到过去，我们会不会发现，我们所追求的，并不是这个家所真正需要的。或者，我们走得太远，却忘记了初心。与此同时，为什么有些人很爱家，家人却未必开心。就像有些父母很爱孩子，但他们的做法，却未必让孩子觉得受到尊重。比如说，他们只看到了对方的缺点，总是希望对方完美一些，希望对方的行为能以自己的意志为转移。这样的爱，是包袱，是绳索。那么，怎么样的爱，才叫爱呢？

这样的叩问无疑会直击人心。最终，《狠爱你》不负众望。它不仅获得了专业影评人的交口称赞，更在2014年拿下了"2014广播电视新媒体微视频大赛"的最高奖项：最佳微视频年度大奖。

2.

无疑，这样的主旨打动的不是一个人，而是一群人、一个时代。被打动的还有何兴华。这位公认的红星美凯龙营销与品牌专家，从来没有让繁忙的工作冲淡自己对家的热爱，甚至，对一只只值十块钱的乌龟，也能做到有始有终。

有一天，家中的乌龟得了不知名的病，何兴华将它送到花鸟市场、宠物店去咨询，都说没得治。终于有一家宠物医院愿意做手术，但费用比乌龟本身的身价贵了50倍，而且还不保证能救活。但他依旧掏出了500块钱。最后的结果是，这只乌龟活到了今天。

也正是源于这样的情结，他积极投身到对爱家的宣传当中。事实上，他正是这两部微电影的幕后执行者。为了它们的诞生，他和团队一直奔波在路上，寻找导演，修改剧本……给人的印象就是，一直在开会，白天开，凌晨一点还在开。有可能仅仅为了微电影里的某句话，甚至开到第二天早上五点。

这也造就了一个让他自嘲的悖论，我们这样一帮回不了家的人，却在这里做爱家的主题，跟别人大谈特谈如何去爱家。

但这些依旧不够。

于是，便有了 2014 年年底的"M. Home：随寓而安"艺术大展。它无疑是对爱家艺术的进一步追问，既可以视为对"爱家日"的一次总结，也是对未来的开启。事实上，这次艺术大展本就是为"爱家日"五周年所举办的。用艺术的方式，追问家的意义，激发观众对于"家"的梦想和思考。

只是，大展的过程，却没有那么的"艺术"，恰恰相反，充满各种紧迫和艰辛。执行此次艺术大展的是企划管理中心两位美女——柳英和梁亦菡。留在她们印象中的，是无数次的往复谈判，和各种烦琐的细节。这里面就包括邀请艺术家以及策展人，落实场地，还有公司财务对活动经费的审计等，各种事务足以让人从紧张到紧张，毫无放松的可能。但她们却忙得不亦乐乎。更让人兴奋的是，和"中国地区参观人数最多的当代艺术机构"尤伦斯的合作，成了这场艺术表达最坚实的保证。

这是一场风花雪月的结合。你有情，我有意。

对红星美凯龙来说，能将这场艺术展放在尤伦斯，是商业对艺术的拥抱；对尤伦斯来说，它与红星美凯龙的合作，是艺术对商业的开放。事实上，商业并非艺术的毒药，艺术的商业化也并不意味着必然会出现艺术走向平庸或商业化主宰艺术的格局。一方面，它让艺术更靠近普罗大众；另一方面，商业对于国家或一个时代的艺术繁荣至关重要。就像如果当年没有大盐商的支持，就不会有扬州八怪[1]的崛起；没有美第奇家族[2]，就没有意大利文艺复兴今天的面貌。

就连尤伦斯本身，也注重艺术的商业开发。除了馆长之外，它还聘请了一位CEO——薛梅，此前，她在卡地亚任职。从奢侈品跨越到艺术界，这同样又是一次艺术和商业的结合。正是她的到来，让尤伦斯得到了进一步的商业训练。

为了合作，两位美女的同事 AT 曾和薛梅以及尤洋喝过几次酒。AT 很喜欢薛梅，觉得她漂亮、豪爽，能和艺术家打成一片。但就是和他一样，都不是对艺术有太深造诣的人。他就直言不讳地问她，你怎么就能当得了 UCC 的CEO？她说，我怎么当不了？艺术家都喜欢我这样的。

---

〔1〕　扬州八怪，中国清代中期活跃于扬州地区的一批风格相近、具有创新精神的书画家的总称，或称扬州画派。八怪的具体人选，在不同的说法中，互有出入。今天，较为公认的是：金农、郑燮（又名郑板桥）、黄慎、李鱓、李方膺、汪士慎、罗聘、高翔等。

〔2〕　美第奇家族（Medici Family，或译为"梅蒂奇家族"），是佛罗伦萨 13 世纪至 17 世纪时期在欧洲拥有强大势力的名门望族。从家族奠基人吉奥瓦尼·美第奇开始，整个家族就资助了众多天赋异禀的艺术家，如达·芬奇、拉菲尔、德拉瑞亚、米开朗琪罗……整个家族不仅是这些艺术家的朋友，甚至自己，也被打上了艺术的烙印。

不过，柳英对薛梅大概是别有一番滋味在心头。她们之间，除了谈价钱就是谈价钱。毕竟，涉及钱的问题，总不如喝酒来得痛快。但大家还是求同存异，一拍即合。他们将这次合作的主题，敲定为：随遇而安。哦，不对，是随寓而安。准确地说，是——

M. Home ：随寓而安。

这个名字，源自于这次艺术大展的联合策展人——詹慧川的创意。"这是一次以家为主题，并延展出多个文化实践方向的展览。企业与艺术机构共同策划，给出命题，通过艺术家带来多元的表达。围绕着展览方向，我们探讨了关于居住、时间、家庭伦理等很多概念。我们思考了三层关系：My Home 是家的本体，Me and Home 是人与家的对立统一，Modern Home 是家与这个时代的关系。这三个 M，就是'M.Home：随寓而安'的最初视角。"她在艺术展的开幕晚宴上这样说。

这次艺术大展邀请了 12 位来自中、德、美、日、韩、瑞士的艺术家，诸如诺特·维塔尔，还有张永和、陈文波、林天苗、林明弘、奈良美智、名和晃平、托比亚什·雷贝格尔、洛里·西蒙斯、徐道获、王郁洋和张恩利等。他们大部分都在为更好的居家生活观念发出自己的声音，并围绕着这三层关系，讲述自己的故事。

有趣的是，出现在预展酒会上最有人气的明星，却是大 S、小 S，以及她们的"闺蜜"蔡康永。这对一直活跃在中国娱乐圈一线的姐妹花，和红星美凯龙结缘多年。在詹慧川刚刚履职红星美凯龙时，就力挺她们成为公司的形象代言人。在那部经典的广告片中，"大 S 说：'选老公要挑，选家具我更挑。'小 S 说：

'哪一样你不挑？'"短短几句话，到现在依旧脍炙人口。多年来，她们一直担任"爱家大使"。所以，她们对红星美凯龙的活动不遗余力。尤其是姐姐，更是将这次大展作为自己产后复出的第一站。面对底下的热情观众，她们之间精彩互动，妙语频出，上演了一场红星美凯龙版的《康熙来了》。

谈起家，小 S 如今可谓"驾轻就熟"。她说过，家，是自己的一切。她不喜欢给家人添麻烦，也尊重家人的选择。比如说，她喜欢民族风的装修风格，但因为老公在国外待过很久，喜爱欧美式的简约风格，那么没关系，她就完全按照老公的喜好来装修。这位在《康熙来了》上颇为古灵精怪，有时候显得没心没肺的女人，多年来一直遵循着这样的一种驭夫术：嘴甜，同时不要太黏人和张牙舞爪。这便是懂得欣赏的典范了。

至于大 S，在有了孩子之后，更是将家视作了一切。她说："在我代言的所有品牌中，只有红星美凯龙是'以家为本'的企业，这非常符合我目前的心态，因为我是一个妈妈了！"这也是她为这次活动站台的一个重要原因。

听着她们的叙述，站在一旁的车建新，也有着温暖的笑意。尽管自以为是一个工作狂，想工作到生命的最后一刻，但是在与家居打交道的数十载岁月中，他也越来越意识到，不管房子有几套，家具有多贵，"居"也只是景，而"家"的核心在情。所以，每天和家人相处的点滴时间他都很珍惜，每天晚上 9 点，不管工作多忙，只要不下雨生病，他都会和妻子孩子一起外出散步。在他看来，散步还能顺便锻炼身体。所以，他也很喜欢由红星美凯龙来举办这样一场艺术活动。在他看来，"现在是一个审美消费时代，家居比时装更能体现一个人的品位。用艺术来讲'家'的故事，就是希望消费者更有生活的态度、生活的理想"。这是他多年来一以贯之的主张。

不要房子里只有家具，却没有家。

这是一种信仰。

在家之外，还有什么？车建新说，工匠精神。作为一个在现代社会中收获丰富的企业家，车建新一直不敢忘却，自己是在传统文明中成长起来的，并深受其影响的手艺人。在他心里，时时感念一位老祖宗：鲁班。这个出生于春秋战国时期的鲁国人，是个匠人。他遇到了"好时代"，社会变动和铁器的广泛使用，给了工匠各种施展才能的机会。鲁班恰逢其时，便有了各种各样的发明。今天，木工师傅们用的手工工具，如钻、刨子、铲子、曲尺，画线用的墨斗，据说都跟他有关，是他从生产实践中得到启发，经过反复研究、试验发明出来的。

更让车建新敬佩的是，他刨根溯源，一丝不苟，做强技能，不会因为其他的诱惑而改变自己的初衷。更重要的是，**他倡导人与自然和谐共处，将中国天人合一的元哲学注入空间，让家居环境具有了自然的生命力。**

也正是自鲁班开始，中国的"木文化"逐渐成形——它随着鲁班精神的历代传承，其思想体系被后人逐步总结成一套完备的文化系统，最终成为中华文化重要的组成部分。"木文化"崇尚动手实践、创新专注、天人合一及保护环境，培养的则是专注创新的草根英雄，他们所代表的是精益求精的工匠精神。

由于历史原因，鲁班创造的"木文化"未获得后世的广泛认可，但这并不意味着它可有可无。尤其是今天，社会心浮气躁，各种企业都在追逐"短、平、快"（周期短、投资少、见效快）带来的即时利益，从而忽略了产品的品质灵魂。与此同时，年轻人也都忙着焦虑、迷惘，找不准人生的方向，这些都源于"工匠精神"的缺失。车建新曾写过一篇文章，直指这类现象。

他说，究其原因，正是因为大家都走得很快，顾不上灵魂。所以，我们需要让"工匠精神"重新回归。让这种美好再次根植在这个国家。这些因素的叠加，促使了车建新生发出创办"鲁班文化节"的念头，他要为鲁班举行一场声势浩大的盛典。

这又是一次必要的传承。

如果说父母的"勤劳、正直、简朴"曾让他个人受益，让他日后的家族受益，那么，通过这个文化节，他想更多地惠及——整个社会。直到今天，詹慧川还记得 2013 年 7 月 20 日发生的每一个细节。

这一天，正好是鲁班诞辰 2520 年。

地点是在上海另一个著名的地标——世博中国馆[1]。这个全称为中国 2010 年上海世博会中国国家馆的场馆，是中国形象的代表，也是中国传统建筑文化的结晶，是中国代表性榫卯结构建筑。这种榫卯结构，正是鲁班的发明。

---

[1]　世博中国馆，其主体造型酷似高耸的华冠，因此也被命名为"东方之冠"。在整体设计上，以红色为主色调，整合了中国传统建筑文化要素。榫卯结构的建筑，诠释了东方"天人合一、和谐共生"的哲学思想。无疑，它突出表达了中国文化的精神与气质。

将鲁班文化节放在这里举行，无疑"门当户对"。

为了这场盛典，他们煞费苦心。虽然从爱家到工匠，显得有些混搭，但两者都是红星美凯龙为了寻找属于自己品牌的核心价值。这些价值都是美的力量，在冥冥之中，总能让人感动，让人能产生价值观和情感上的共鸣。因此，才能真正赢得人心所向。

他们所要做的是，让这种力量，通过美的形式展现出来。活动是以红毯走秀开场的。来宾多是商界人士，他们或是班门弟子[1]，或是社会名流，都在各自领域里打拼天下、快意人生，但进行像这种影视明星似的走秀，还不多见，所以，走在红毯上面，然后再在开幕庆典的大标牌上留下自己的大名，感觉有点酷爽。

更让人对这场盛典感到"踏实"的，是站在前台的汪涵，以及身边的三位名嘴——梁宏达、钱文忠和高晓松。他们在各自领域中的造诣，显然深得鲁班"工匠精神"的精髓。与此同时，他们都对鲁班的经历了如指掌，也显然是做足了功课。梁宏达说他热爱鲁班，因为鲁班将我们每个人从生管到了死。出生时，我们睡的摇篮，是他发明的。等到我们告别这个世界、驾鹤西去时，躺进的棺材，也是他发明的。当然，他发明的棺材是不用钉子的，为榫卯结构。

钱文忠说他热爱鲁班，是因为鲁班的实践精神。尽管鲁班在今天更多的是以

---

[1]　他们都是信仰鲁班工匠精神的一群人，或是正在从事家居行业，或是以前从事过家居业，他们都尊鲁班为祖师爷，所以称其为班门弟子。

一位木匠而被人熟知，但他其实是贵族出身。这说明当时的中国文化还没有眼高手低，还没有重理论轻实践，还没有贬低工匠精神，反而是非常尊崇这种精神。

高晓松说他热爱鲁班，因为鲁班所在的那个时代。那个时期的中国领世界之风骚，执全世界之牛耳，是真正的百花齐放、百家争鸣。木匠都可以成为大师，布衣立谈可成卿相，写本兵法可以指挥百万大军。整个社会奔放自由，整个民间就充满了创意……就连男女关系，也很自由。

大家不信，可以看看《诗经》的"郑卫"之风。更重要的是，他们都无一例外地推崇鲁班的"刨以致创"。"刨"是个多音字。刨（bào）是水平推，刨（páo）地是从上往下地挖。"刨以致创"，就是像鲁班那样，将一切做到极致，一切都要追根究底，从而做到最好。

钱文忠还提到墨子对鲁班那段著名的批评[1]，在历代的解释当中，大家都是很赞同墨子的，认为鲁班发明了一个没用的东西。但是在今天看来，这种"刨以致创"恰恰是中华民族所最缺乏的。因为我们太实际了，也太功利了，做什么东西都得问它有什么用。

但是，如果我们回过头看看人类的发明史就会发现，很多重要的科学发明，

---

[1]　载于《墨子·鲁问》："子之为鹊也，不如匠之为车辖，须臾刘三寸之木而任五十石之重。故所谓巧，利于人谓之巧，不利于人谓之拙。"——传说，鲁班曾经削竹木以为鹊，成而飞之，三日不下。鲁班因此很高兴，自以为至巧。但墨子却不认可，反而认为这鹊既不能拉车，也不能载重，对人没有什么用，因而是"拙"不是"巧"。对这段批评，后人仁者见仁，智者见智。

在诞生之初人们都不知道是干什么的。但这却意味着一种只问耕耘、不问结果的探索，一种向未知领域无畏无私的迈进。

汪涵也深有同感，他选择了一个"鸡汤"的角度，来说明鲁班之于今天的意义：

我们需要他发明的碾子，碾碎我们心里的一些愤懑；我们需要他发明的鲁班尺，来丈量一下我们跟理想之间的距离；我们需要他发明的锯子，锯掉我们跟一些无望的欲望之间的关系；我们需要他发明的云梯，搭上城楼，帮我们飞跃人生的重重迷墙。

这些都是我们今天在这个舞台上纪念鲁班的本意之所在。在某种意义上，我们向鲁班致敬，如前所说，是想让这份美好根植在这个世界上。作为鲁班精神的传承者，红星美凯龙在新时代，依旧肩负重任。它要为鲁班找到与时俱进的表达方式，如成立鲁班家居学院。

借助这场庆典，谢坚面对着众位来宾，将鲁班家居学院推到了世人面前。随着揭牌仪式的隆重举行，它正式宣告成立。这让 7 月 20 日的活动，成了一次行为艺术上前无古人的经典。很难复制，也很难拷贝。似乎一出生，便风华正茂。正是这样的出色表现，让红星美凯龙一次次的价值表达和互动，终究没有蹈入虚空。红星美凯龙不仅因此重新塑造了自身的公众形象，更让自身品牌理念得以从"全球家居，品牌典范"大步迈入"家居生活美学"。并有了进一步品牌升级的可能。

4.

在品牌美学的发展历程中，一个叫"SHE"的组合，闪亮登场。这是红星美凯龙企划管理中心一个全新的组合，也是詹慧川在调任战略投资职能之后该中心新的领导团队。"S"即宋丹，负责品牌、公关与媒介；"H"即何兴华，担任中心总经理，是团队的核心与总控；"E"则是裔及，分管企划营销。

作为红星美凯龙营销与品牌专家，何兴华曾在业内获得荣誉无数，尤其擅长数字营销，曾多次率队斩获各项专业大奖，在快消、耐消与平台商领域均有深厚的实效营销经验，以专业、专注、专家在业内著称。

身为一个以武术为兴趣的肌肉男，何兴华在生活中反而会呈现出一种萌感，比如旅游的时候问同伴"我们今天去哪里""我们今天中午吃什么"，或者生活用品需要备双份，因为常常搞丢。而一旦他回到工作当中，能量气场瞬间到位，尤其在他擅长的数字营销领域，常常用一些街头俚语把"RTB""DMP""场景互动""生态融合"等互联网热词讲得很形象。他在数字营销上的创新已经在业内产生了较大的影响。

宋丹则擅长从人文的视角打造品牌，从口碑的视角雕琢品牌，从市值的视角衡量品牌。他早在门户时代就投身于互联网品牌传播，玩出不少传播案例，甚至直接成功运作过一家公司上市。在红星美凯龙的几年经历里，他的工作面对的客户，涵括了从行业、消费者、社会公众乃至投资者等多个群落，他生产并传播内容，实现了众多大项目的公关价值最大化。他把世界看作一个素材库，而自己是一个内容生产者，他包里永远揣着一部相机，只为体验聚焦、寻找角度，这是他的思维练习——生产内容，与受众沟通。他笃信人们对事物的认知会因传播而改变，而他需要面对这个纷杂的信息社会，精准嗅出最新最时尚的传播动向。

裔及事实上也是 2009 年便加入了红星美凯龙的"老资格"，手持欧洲 MBA 和 marketing 双硕士学位，曾在三家世界 500 强企业担任过市场总监。他坦言自己更擅长做管理，而且喜欢在运动和娱乐中把握下属的特点和个性。作为一名热爱时装展、潮流展的时尚达人，他钟爱 Loewe 创意总监 Jonathan Anderson 的作品。他的家无疑是他对美学独特见解的最好诠释，客厅的内墙都拆掉，换成半透明的玻璃墙，各个房间都相互透光。

看上去，这三个人有着截然不同的行业背景、泾渭分明的领导风格，但深入了解之后，你便会在他们身上发现近乎一致的默契，那就是对家和美的敏锐触觉和独特认知。正是这三人彼此间的默契和产业链条式协同的工作模式，让车建新的美学实践，得到了继续践行。与此同时，这三人为红星美凯龙的品牌升级，更添了想象空间。

品牌升级的想象空间表现在品牌代言人上，那就是自 2015 年开始，有了全新人选。由以前的大小 S 这对姐妹花，换成了高圆圆和 Angelababy 这两位"国民女神"。没有人比大小 S 更适合做 2009 年的红星美凯龙形象代言人了。彼时新生代的家居消费群体正在崛起，红星美凯龙希望把潮流和艺术注入家居产品，向公众诠释流行时尚的家居消费观，而这与大小 S 所取得的行业成就和公众形象无疑是一致的。《流星花园》让大 S 成为海峡两岸偶像剧的当家花旦，而台湾综艺旗帜《康熙来了》也成为小 S 秀性格的舞台。在此之外，两个人姐妹情深，更让这对姐妹花成为年轻人对时尚家庭的最佳想象。

也没有人比高圆圆和 Angelababy 更适合做现在红星美凯龙的形象代言人了。因为公司坚持双代言人战略，她俩是 SHE 在数十位一线女星中进行两两搭配，最终敲定的。这不仅是因为国际化，还因为她俩代表美，更因为卸下明星光环后的这两位在万千大众心中具有的幸福女性形象。在 SHE 眼里，兼具三者特质的两位才是最时尚的女神 CP（搭档）。

在某种意义上，她们成为红星美凯龙商场上大幅海报上的主角，不仅象征着主流消费者审美趋势的变迁，更是红星美凯龙品牌升级的最好注脚。但是，最困难的还在后面，那就是如何重新梳理红星美凯龙的品牌价值体系，把家居与美学在概念上进行结合，即使是 10 多家一线的广告公司，面对这个问题也要头痛。

红星美凯龙不像 MUJI 秉持性冷淡风，也不像宜家推崇北欧风，它的美学是包容多种维度的，你能够想象到的美的维度，都要在这里得到体现。因为包容所以百变，因为自信所以无限。

"家，想怎么美，就怎么装。"这句广告语应运而生。

相比其他很多以生活美术馆为概念，把美学提升到艺术化高度的方案，知名 4A 广告公司——达比思提出了"装"的概念。"装"，即把美学放进生活，同时一语双关，符合互联网时代的表达方式。美一旦脱离了现实，即使不灭亡，也会变得荒诞。出众而不背离大众是红星美凯龙品牌安身立命之所在，更是一条死守的红线。

升级后的品牌广告在 2015 年国庆正式出街，耳目一新的形象助推了全国的大促活动——红星美凯龙的客流量达到 186 万人次，超过故宫 3 倍，成为网上热议的现象级事件。这不禁让人感叹，在这个娱乐的时代，消费者是喜欢这样玩的。

它既是一种态度，更是一种"自由"。

"想怎么美，就怎么装。"这既可以是在家之内，也可以是在家之外。为了进一步烘托这种"自由"，红星美凯龙还玩出了另一些"花样"。

比如，邀请蔡康永。由这位具有"独立美学态度"的"台湾综艺旗帜"担任导师，打造家居界独一无二的"美学会员体系"——m-style 会员。在蔡康永拍摄的招募会员视频中，他表达了自己对美的态度："美不是迎合，美不是追随，美不是别人的赞许，美就是你心中所想……"这也正与 m-style 的理念"不要让别人的赞美绑架了自己的审美，遵从自己内心真实的选择，不要活在别人眼光里"不谋而合。每一位 m-style 会员都有着自己的审美取向，同时亦注重自我家居生活的美学表达。

频频引发外界关注后，红星美凯龙趁热打铁，联合蔡康永以及当代艺术家张恩利，推出红星美凯龙限量会员卡。而先前的鲁班文化节也没有戛然而止。尽管在品牌升级的背景下，鲁班的形象逐渐"退隐"，与他相关的精神，却在逐渐凸显，并在时间的流逝中，得以强化。

就像冯唐与李泉跨界演绎的《爱木之心》。这并不是在舞台上的演出，但映入眼前的画面，也一样动人。伴随着李泉弹奏钢琴的柔声，整个画面被打开，观众被带入一个朴实无华的"原木空间"中。冯唐与李泉，一个北人，一个南人，一个作家，一个音乐家，一个驻足在书架前，一个手抚钢琴，关于两人的镜头与话语相互交织呈现在这段视频之中。两人你一言我一语，探讨一场木与生活的哲学。

冯唐，这个写下《万物生长》《北京北京》《十八岁给我一个姑娘》的男人，在对话中如此感慨："人不会永远活着，但木头可以。它们被做成桌子，做成凳子，压成纸，制成琴，穿成串，陪你见了许多风景和姑娘，我们对木的爱，就是我们对生活的爱。"这些话语说的似乎是木，但直指的却是我们每一个人，也许，"每一种木材都有它的宿命，每个人也都该看清自己的来去"。

红星美凯龙希望通过这个故事的讲述，让大家一起来寻找"木"的美学生活，玩一种"不浮躁"的活法。比起 7 月 20 日的鲁班文化节，它并没有直接向鲁班致敬。但是，它们都是在借鲁班先生的盛名，来大抒胸臆。

家，想怎么美，就怎么装。人，该怎么活，就怎么活。

M

[美问]

最开始是怎么想到要做"爱家日"的？

因为家居与家庭的密切关系，我们在 2010 年就提出"爱家日"的构想。一开始"爱家日"有几个设计，每年的某一天作为爱家日，每周的某一天作为爱家日，春节的某一天作为爱家日。最后考虑到春节前夕整个社会家庭情绪的氛围最浓，以"爱家日"开启春节这一传统节日比较合适，就将爱家日定在 12 月初。而为了方便记忆，我们就提出以 12 月 3 日作为爱家日。

为什么会想到做鲁班节？

家居业奉鲁班为行业先师。鲁班是中国最早的工匠，也是中国的工匠之神，是中国工匠最具代表性的符号；红星美凯龙是中国工匠精神的传承。工匠精神内涵丰富，不仅有追求细节、追求高品质的匠心，还有刨根溯源、发现本质、创造新事物的创新精神，我们用"刨以致创"来表达这种精神内涵。在社会意义层面，工匠代表了社会经济的实业部分，是绝大部分人实现人生价值的途径，当下中国社会浮躁、急于求成、不知道如何成功，工匠精神的复兴提醒人们，脚踏实地才能最终创造价值、自我实现。

红星美凯龙为什么要在北京的 798 和故宫相继举办艺术展？

说到举办艺术展的初衷，那就是一个人要认知生活的本质，首先便是要认知自己，也就是要解决"我是谁"的问题。而家是回答"我是谁"最好的答案。家既是一个人的审美载体，也是最重要的情感载体。不同于时装的外在身份识别，家是一个人的内在气质体现，是消费者与自我的对话，家居比时装更能体现一个人的品位。同时，家是世界上最重要的人的连接。人的本质是一切社会关系的总和，家庭关系和家庭角色在其中扮演着最有份量的角色。我们可以从一个人如何对待父母、如何对待妻子、如何对待子女来看出这是怎样一个人。用艺术来讲家的故事，是我们一直想做的事情。

红星美凯龙的会员和其他品牌的会员有什么不同？

我们的会员不是因为某些折扣、礼品等利益而办理的，我们更希望这个会员群体能形成一个具有强大向心力的社群，他们有共同的生活美学追求，不仅是利益，更多的是价值观让他们聚集到一起。我们不仅向会员提供折扣，也提供家居生活美学的各种可能性，会员在这里能找到真正打动内心的体验。

玩美的八〇九〇

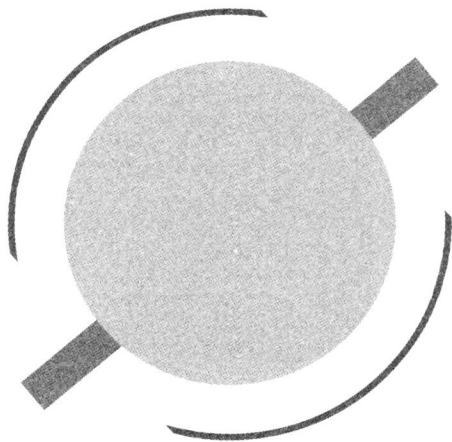

1.

我们还未变老，世界就天翻地覆了。

互联网浪潮的来袭，无疑是一场意义深远的革命。它对经济、文化、法律、道德、哲学，乃至观念的冲击，无所不至，且无可比拟。如果说工业革命改变了东西方的格局[1]，那么，互联网浪潮又将为世界重新洗牌。

我们即使跟不上脚步，也不能假装迷了路。在这场革命中，人与人的联系发生了最为鲜明的转变。以前，我们之所以被关联，或因为血缘，或因为地缘，

---

[1]　工业革命是一场以机器取代人力，以大规模工厂化生产取代个体工场手工生产的生产与科技的革命。由于机器的发明及运用成为这个时代的标志，历史学家亦之称为"机器时代"。在《盘活：中国民间金融百年风云》一书中，作者曾将西方的工业革命看成历史的钟摆由东方摆向西方的重要节点。

或因为业缘。但如今，一些生活在不同时空中的人，却因为某种特殊的兴趣而被紧密连接在一起，成为或大或小、或集中或松散的社群。他们年轻，有活力，有视野，有冲劲，而且还乐于创新，热衷追求属于自己的生活方式。总而言之，这是有着多元价值观的一群集体。

他们的存在，已经成为不可忽视的力量。在车建新看来，这是具有高审美的一代人。在此之前，中国的审美消费是相对隐性的，而随着这一代人的成长，一定会是爆发式的增长。他们已不再仅仅关注价格，而是追求预算范围内最好的产品。红星美凯龙在未来能否赢得市场，走得更远，就在于能否赢得他们的芳心。要想赢得他们的芳心，把握这个时代的痛点，没有其他的途径，那就是用他们喜欢的语言，去跟他们对话。

詹慧川一直坚持这样的观点，美是具有当代性的。

这里的当代性，一方面体现在它对现实有着自己的当代性关切。美学专家颜翔林先生曾经撰文指出，今天这世界，科技理性使我们舍弃神话意识，工具理性则令我们淡漠了审美精神，而实用理性则更逼迫存在者忘情于宗教信仰和道德律令，失落掉童话的纯真和唯美，减弱寓言的隐喻和象征的思维。

那么，面对科技理性和工具理性的控制，我们需要美来回答世俗世界的提问和挑战，以诗性思维重构美学意义的神话信仰和宗教意识，建立新的童话和寓言的话语世界，维护民族的集体记忆和传统价值。

当然，另一方面则体现在不同的语境决定了不同的美，以及美的表达方式。就像盛唐一定豪放，弱宋一定婉约。你不能想象杯酒释兵权之后军事不强、阳刚不振的宋朝能像唐朝那样的风流倜傥。那么，在今天这个 80 后、90 后当道，社群丛出的时代，我们又要赋予这个世界一种怎样的美的关切，以及怎样的美的表达方式？

在某种意义上，红星美凯龙致力于讲述产品的美学价值，将美学的内涵和价值观赋予产品，用产品价值引导市场，同时在当代语境中把营销变成一场游戏，在与消费者的亲密互动中，让消费者爱上自己，这将成为它面对这个时代最为迫切且恰当的举措。

于是——"2 天来了"。

这是一个奇怪的词。初次见面，你一定不会明白它是什么意思。但打量它，你总觉得会有一股元气，在身体里左冲右突。你可以把它解读为很平常的 2，也就是数字的 2，跟 3、4、5、6、7、8 没啥区别，它代表的是天数。事实上，这是红星美凯龙打造的一次单纯的商业促销活动。

由于是全国近 200 座家居购物中心联动，加上投入的精力以及财力相当之大，所以一般称之为大促。大促一般都是跟低价有关。然而，现在喊低价的也不止你一个，太多人都在喊，没有什么新鲜感。想让那些 80 后、90 后对自己有兴趣，并乐于和自己一起玩，就得玩出新花样。

首先，在低价上做文章。那么，怎样才算低价呢？对顾客来说，最高兴的莫过于击穿底价了。击穿底价的意思约等于去头价，人家优惠是抹去零头，它却是拦头砍掉。比如说，原价 1999 元，去头价就是 999 元。

不过，这还是不够。

其次，要在时间上下手，将时间限定为两天。突出这个时间，让人有一种紧迫感。要知道，选家居不像选其他产品，很多人都是一看二选三思量，这边商场看看，那边商场瞅瞅，没有十天半月，都不会拿定主意的。所以，就强调两天，在这两天有想不到的好处，但过了两天，就没机会了。所以想要这个实惠，就抓紧吧。这两天又应该选择哪两天，还是一个问题。

选择在五一、十一，或者圣诞、元旦，不好玩，因为这几天本就是购物的狂欢节，那么，放在一个平时大家都觉察不出的一个日子，比如说 3 月 28 日以及 29 日，反而更能凸显出这两天的价值来。

以上的思考，无疑是"2 天来了"成功的开始。只是，2 天如果仅仅是"两天"，它还是摸不到成功的窍门。更没摸到时代的痛点。

2.

在何兴华的进一步解读里，2 等同于二。吃货。饿货。还有，二货。这种解读并不太高大上，甚至还透着一股嘲讽。

在很多地方，它是辱骂别人，骂别人傻的意思。然而，到了 80 后、90 后那里，这一切都发生了变化。在无厘头以及网络文化熏陶下成长的他们，根本不怕"二"。就怕"二"得不够。这种自嘲的背后，既是对一切经典和自以为是的批判，也是集体的狂欢，以及苦中作乐的游戏精神。

谁也不能阻止我们继续"二"下去。

到了这里，"2天来了"的立意，一下子丰满起来、立体起来。它既是数字，也能让人听到80后、90后的自嘲，更是一个品牌对这个时代的审美所进行的热烈拥抱。它是这几者的综合体。与此同时，它既能刺激消费者的消费欲望，又很有网络感，符合当下互联网文明的内涵，开放、自由、乐享。

詹慧川喜欢这个概念，她说，这个时代就是这样，你若端着，我就无感。你只有和年轻人打成一片，年轻人才会和你打成一片。可以喜欢高大上，可以是高大上。但谁也不能装高大上。

围绕着"2天来了"，每个人都"二"了一把。

KEN有时就觉得自己"二"心泛滥。作为品牌副总监，KEN负责宣传海报的拍摄。他跟摄影师说，不要找秀场模特，因为她们表情没有张力，肢体形式化，要找表演模特。而服装，在几轮挑选不满意之后，强迫造型师把他自己家里的大牌服装顶上场。就是这样一帮有活力、有很强可塑性的人，将这套"2"的海报，嗨出了味道。

他们打着剪刀手（2的字样），三人一组，做着夸张又带有些自我作践的动作，然后搭配上"还有什么比集体卖2更欢乐的事情呢！"这样的句子，其中，"聚众犯二"在画面中尤为突出，一下子让人无原则地欢乐和FUN。

还有一张海报，画面中只有一位男模，摆着周杰伦那样酷酷的样子，微偏着头，侧身对着观众，却将剪刀手亮到了你的面前，让你躲都躲不开，旁边一行大字：

"有实力，公然犯二！"

公然犯"二"的还有陶磊，作为中国十大创意总监之一，他是早就跟詹慧川、何兴华等人打过交道的小伙伴，早在2012年，他便因大小S拍摄新的品牌广告而介入其中了。不过，让他印象最深的，莫过于"2天来了"。

因为这次，他也跟着一起"二"。

在为它拍摄的广告先导片中，你会看到，漂亮的女白领闪进了总经理室，面对办公桌后的老板，口舌温软："老板，山无棱，天地合。"镜头随着也变得暧昧万分，从她性感的身材上掠过，逗留在她上翘且被短裙包裹的臀部，让人肾上腺激素陡增，但意想不到的情况发生了，女白领的口气突然壮怀激烈："扣工资，减奖金，这两天我都要请假。"一脸坏想的老板被惊得跌坐在椅子上。

随后的镜头，是她走出办公室，褪掉发箍，自由地甩一甩头。画外音同时响起："3月23日、24日，'2天来了'，就在红星美凯龙。"在其他的篇章中，这种有点"搞"的创意，依旧被延续。你很难想象，广告片可以拍成这个样子。陶磊笑着说，没办法，我都被这帮人给带坏了。更让人想象不到的是，到了广告的正片，居然又"画风"一变，主角不是专业的模特，而是在红星美凯龙售卖的各大家居企业的"老总"们。

此前，红星美凯龙展示的形象多是从自身的商场出发，但谁也不能忽视，这些家居企业也是红星美凯龙集体中最重要的一员。没有它们的热情，也就没有红星美凯龙的今天。

同样，没有它们的参与，"2天来了"真就"二"了。

陶磊有些忐忑，谁都能想象，中国本土的老板，尤其是出生在五六十年代的……好吧，在形象上与模特是有差距的。相对来说，今天的"老总"们在形象上要相对完美一点，但又该如何表现呢？不能拍他们穿着西装打着领带坐在会议室里，看看报、喝喝茶吧？更关键的是，这些"老总"习惯了当领导，突然一下子让他们转换心理，变成一个要接受导演指挥的演员，他们能接受得了么？

幸运的是，他所找的几家企业，全都给了他"YES"。这里有联邦家私常务副总裁周山林，索菲亚衣柜总经理柯建生，慕思寝具营销总经理盛艳，圣象地板总裁郭辉，还有敏华控股董事局主席黄敏利。他们说，和红星美凯龙的合作一直很舒心，所以他们相信这一次，也肯定会很有趣。当然，这也是一次很好的沟通与交流的机会，何乐而不为呢？

他们说到也能做到。

在正片中，他们的形象被设计为一个个特别凶悍的价格杀手，手持棒球棍，恶狠狠地将原先的价格打碎。在后来的成片中，他们一棒挥去，屏幕上的数字，比如说"1999"，哗的一下，打头的"1"就被击碎了，留下了"999"。

这种形象设计有悖于他们在生活中的正统形象，一开始，他们都拍得比较拘谨，手脚都不知道怎么伸展才好，然而，每个正经人的心里都住着一个搞怪的小人，平时很难发现，但一旦被激发，它就立马活跃起来。很快，这些"老总"就丢掉了所有的自我束缚，越拍越放松，越拍越嗨。

陶磊记得，柯建生的表现力就非常强，不知道之前是当过兵还是做过运动员，拍那个击打动作时，高高跳起，一下子将棒球棍举起来，再狠狠地打下去，动作简直可以跟专业演员媲美。后来，陶磊将这个镜头回放给他看时，柯建生高兴得不得了。他从来没想过自己原来可以以这样的形象去面对这个世界。

就连盛艳，作为一个女性，也很积极。本来要求她转一个圈，再做出击打动作，结果她愣是没收住，转了一圈之后再来一圈，而且面部的表情，也显得非常投入。这"牺牲"似乎有点大，但没人在乎。

在整个拍摄的过程，陶磊和他们一样，充满着旺盛的情绪。他不需要主动提出要求，他们就会自觉地表示，如果拍得不好，可以再来一次。更让陶磊觉得开心的是，等到这一次拍摄完毕，就已经有其他企业找上了红星美凯龙并深情表态，下次也要参加。

与此同时，为了对"2 天来了"进行 360 度的宣传推广，詹慧川又提要求了：赶紧趁热打铁制作一个能在网络上传播的"病毒视频"——可是，这个视频又如何做呢？而且还得做得深入人心，让观看者不由自主地转发，像病毒那样大面积地爆发、繁殖。

苦思冥想之际，其时正在上映的电影《悲惨世界》提醒了他们。这是部歌剧片，要不，红星美凯龙也拍个微歌剧好了。接下来便是紧锣密鼓地找导演，找表演的人。然后将他们凑到一起，再拿瓶红酒，一个晚上就将歌词给磨了出来。但到第二天，找了那些唱中文版歌剧的歌唱演员将这些歌词录出来做配音的时候，他们笑得前仰后合。

你很难想象，在降 b 大调 2 折圆舞曲的欢快音乐中，主角 2 哥和 2 姐一脸悲壮地用美声唱着各种对省钱的渴望。"省钱，过日子就是要学会省钱，要省钱要省下每分钱……因为我没有机会拼爹。买房，搞装修，买家具，钱都借遍，不吃不喝要还几百年。"怎么办，怎么办？到了第二幕，"2 天来了"。"我在做梦，脸通红，让我心动，这促销，这价钱，要发疯……我要美得冒泡的大浴缸，双人的，我俩一起，嘿。还要大衣橱、大餐桌、水晶吊灯，还有皮沙发、自动马桶。"胃口倒是不小，配角老板却哭了："为你们把价格突破底线，吐血拼老命为你省钱。两天，这价钱让的，心在滴血，老天！卖切糕都比我赚钱。"这些词听上去很好笑，然而，笑中有泪。在整个微歌剧的开篇，赫然出现了这样一行字："谨以此剧献给为梦想家园省下每一分钱的 2 哥 2 姐们。"

可惜的是，陶磊没能当上 2 哥。在这部微歌剧中，陶磊也有一个角色。大家都说他的形象像老板。所以，他成了 2 哥 2 姐的"对立面"，出演了另一个配角：老板。台词不多，但很有辨识度，是用港腔说："衰仔，我顶你个肺。"一副被打折给逼急了的样子。今天，回想起来，陶磊对自己既卖艺又"卖身"，还是感到很开心。

简直"二"疯了。

无疑，这样的"2 天来了"，既叫好，又叫座。它在网络上，差不多有 4000 多万的点击率，带来的销售额足足有 25 亿元之多。与此同时，有关它的营销案例，甚至被中国某些知名的电商拿了过去，作为内部培训的教材。

3.

回过头再看，它们触摸到了这个时代的痛点。

这里面无疑有美的当代性关切，蕴含着这个世界对美好生活的渴望和寻找。它没有矫情，没有假意，而是用一双温柔的手，触摸在这个时代里艰难前进却又坚持奋斗的 80 后、90 后。与此同时，用他们喜欢的语言和玩一样的态度，跟他们交流。但是，如果仅仅停留在表面上的玩闹，也一定会遭到这群高审美群体的鄙视。所以，对红星美凯龙来说，它不能去装高大上，而要努力地成为高大上。

这里的高大上，不只是产品，更是"脑力"和"创意"。

显然，"2 天来了"以前是这么做的，今后还将这么做。I won't let you down！I won't let you go！ 2015 年，它所推出的"病毒视频"——《2 天来了，I won't let you down》便高声呼喊："我不会让你失望，更不会让你轻言离开。"为了创作这个"病毒视频"，詹慧川让柳英找来了国际巨星、格莱美大奖得主 OK GO 乐队[1]。以前在日本拍摄的时候，OK GO 乐队曾以 2400 名日本少女拼成一个人体 LED 屏。这也让此前搞怪无限的"2 天来了"又带上了摇滚的玩酷态度。事实上， I won't let you down 便是它的最新作品。

---

〔1〕 OK GO 乐队，是一支迷幻、鬼马的 Power Pop 乐队。除了玩得一手好音乐之外，他们还以各式脑洞大开、创意无极限的 MV 广受年轻人的熟悉与喜爱，被誉为"世界上拍 MV 最好的乐队"。2007 年，他们凭借著名的"跑步机 MV"—— "Here It Goes Again" 获得了格莱美"最佳音乐短片奖"。与红星美凯龙的合作是他们第一次来到中国，并将自己的音乐介绍给更多的中国人。

这段视频，采用的便是 OK GO 乐队标志性的一镜到底炫酷手法：经过巧妙的设计，用一个镜头讲全部的故事，中间没有任何 CUT。据说为了这个只有短短两分钟时间的镜头，先是经过一个多月搭了 1000 多平方米的摄影棚———里面有一个看上去如同《盗梦空间》里的旋转屋；中间又有多达 50 多次拍摄，前前后后将近一个月，并在演员走位、表演、布景、摄影等方面反复精雕细琢，才最终完成这严密的"无缝对接"，让人觉得一气呵成，又意犹未尽。

除此之外，几乎视频的每个镜头都使用了"视错觉"效果，前后一共有 9 个视错觉场景。其中一个是主唱在房间里悬空旋转的镜头，到今天仍然有很多人没有想明白是如何实现的，这也让其成为魔术般的悬疑。

难怪与《财富》和《商业周刊》齐名、美国最具影响力之一的商业杂志 *Fast Company*，其官方网站自发报道红星美凯龙与 OK GO 的合作视频。

为了完成这一视频，主唱兼导演 Damian Kulash 在那个空旷的大棚内，挨过了 2015 年年初的寒冷，但他并不太在乎这些干扰，实在扛不住，就给自己多穿点棉毛裤、棉毛衫什么的。不过，他倒是对旋转屋心有余悸，在那里面行走，很有趣，可也很消耗体力，需要用到那些平时不常用的肌肉。他说他经过几个小时的练习后，整个身体都疼死了。

然而，每个人都以一种很敬业的姿态，来完成了 OK GO 与中国品牌的首次合作。

"世上的路有很多种，有人选择了简单粗暴；幸甚，也有人选择了一路繁花。"在外人看来，红星美凯龙用这样一种"高标配置"来对待一场促销活

动，既体现出了世人对家居的应有的正确姿态——"家居是贯彻美和态度的
生活艺术，理念及品位决定企业的生命力，唯有将潮流和创新的因子刻入品
牌 DNA，才能站在行业的至高点"，与此同时，更是通过创意的设计，"让
广告高于广告，让营销高于营销"。

这样的大促，何尝不深得人心？又何尝不会在 80、90 后中赚足口碑？你若
真心对我，我必回你满面惊喜。你若打发于我，我必回你一脸口水。

4.

精彩继续。2016 年。

这时候的"2 天来了"，已经做到第四年，也是何兴华担任总经理以来的第一次。
他考虑要做一个大的事件，不然很难形成更大的影响力。互联网时代的营销，
擅长通过跨界和大事件制造话题和爆点。与此同时，他也注意到，当下能成
为热门话题的除了新闻，就是娱乐和体育。红星美凯龙遂将橄榄枝伸向了美
国好莱坞最大电影公司华纳兄弟，伸向了《蝙蝠侠大战超人：正义黎明》。

作为近年来最重量级电影的主人公，超人和蝙蝠侠不仅是好莱坞历史上最热
门的 IP，而且是美国个人英雄主义文化最典型的形象。不过，两个英雄从来
没有在屏幕上直接碰过面。这次不仅要碰面，而且采用的不是"复仇者联盟"
的合作形式，却是对战形式，这无疑让这部电影以及两位英雄，具有最强的
话题性。

何兴华还意识到，这两个超级 IP，不仅是高影响的，更重要的是正能量的、

高品质的、高审美的、具有人文内涵的。这样一部电影，在演绎暴力美学的同时，更深入人性的深处，洞察精英价值观的矛盾。

而这恰恰能引发 80 后、90 后在价值观上的共鸣。

就在这个被众口一词地定义为"中国资本购买好莱坞 IP"的元年，红星美凯龙这个家居企业率先破局。在某种意义上，作为《蝙蝠侠大战超人：正义黎明》的出品人，华纳兄弟也看中了红星美凯龙遍布全国近 200 家大型商场的实体网络，数百万高净值客户，以及互联网话题运作能力。这也力助红星美凯龙获得该影片在中国大陆的家居连锁行业的整体授权，并成为华纳兄弟在中国合作的唯一家居品牌企业。其最终的目的，便是服务于这"2 天来了"。其中，不仅涉及 IP 形象使用，还包含场景互动体验在全国商场的落地。

宋丹拿到这个 IP 资源，一开始是想把红星美凯龙的两个代言人和两个英雄"关联"在一起，这种处理方式，最符合品牌调性，也最有戏剧性。但是在多次尝试以后他发现，通过一个项目来展现红星美凯龙多层次、多维度的美，比较困难，甚至容易导致思维走神，不够聚焦。所以，在重新思考之后，宋丹发现，这两个 IP 给人的感觉是火爆的人物、火爆的动作场面，那么，它也一定会和"2 天来了"那火爆的销售场面融合——最终，确定了"爆"这个主概念。

这次与华纳兄弟的合作，无疑也是红星美凯龙衍生内容最多的一次。活动围绕着两个英雄，在传播的过程中不断地发散出各种创意，彻底地把代表美国个人英雄主义的两个超级英雄给"玩坏"了。裔及却很开心这种玩法，有了这个 IP，"2 天来了"整个门店的蓄客率提升了 15%，因为顾客很感兴趣。"80

后对这两个英雄人物都很熟悉，他们自然会关心这是一次什么样的活动。很多商场都使用了超人、蝙蝠侠的道具、装备等，这让现场人气变得很高，因为他们有了可以体验、可以扮演、可以玩的地方。"

这也帮助何兴华独创的"营销闭环"这一模式大获成功，即通过持续的线上互动提升线下复购率。

超级 IP 加上营销闭环，"2 天来了"因此创造了 30 亿元的销售额，超过宜家在中国全年销售额的四分之一。这样的受欢迎程度，也印证了红星美凯龙需要用"高大上"的手段来和 80 后、90 后交流的重要性。它让消费者在获得价格优惠的同时，更多地把注意力放在产品价值上。这一价值不是谁都能提供的"溢价"，或者说"附加值"。更不是你想买就能买、说买就能买的"爱情"。它也让其在众多的价格战中，显得鹤立鸡群。

今天的生活中，到处都是一片"优惠""直降""打折""比价"……这些字眼喧嚣得犹如闹市街头那经典的口号，"走过路过千万不要错过"。然而，今天的 80 后、90 后，需要的已经不仅仅是优惠的价格。还有对他的人性的尊重（玩的态度），以及人格的尊重（美的态度）。他们不但在乎你跟他沟通的方式，还在乎的是：你和他的心灵的契合度。

激荡不起涟漪，哪怕价格再便宜，也是白费。

这也意味着，随着他们逐渐成长为推动这个世界进步的主力军和消费的主要力量，抓住他们的真正诉求，才能重构和这个世界的关系。才能找到真正进入人心的入口。才有"正义"的"黎明"。

M

[美问]

红星美凯龙会怎样进入一个新的城市？

通常一家商场、一个购物中心，在新的城市开业以后，需要 2~3 个月的时间来培养人气，而我们可以做到在新城市开业当天，就成为该城市同类商场销售第一。这是长期培养品牌、重视大营销的结果。

红星美凯龙之所以成功，是因为顾客被价格打动了吗？

顾客首先是被产品打动的。如果产品不能打动顾客，价格再便宜也不能成为其购买的理由。尤其家居是周期性非常长的耐用品，顾客的这种心态更强烈。

当下社会，红星美凯龙在营销上又如何去体现自身的美学？

现在的消费者已经不是那种单纯追求价格便宜的心态，而是在一定的消费档次内，寻找最能打动自己的产品。也就是说，产品本身的价值是充分条件，价格成为必要条件。我们的促销活动并非单纯的打折，而是以产品价值为先导。其营销思路是最大限度地呈现产品的美学价值，让消费者体验，在此基础上再做活动。

第六章

一个绅士的自我修养

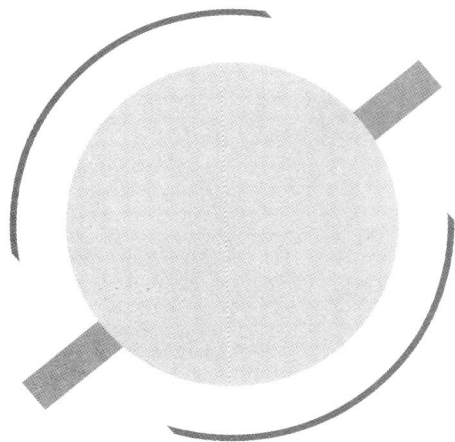

每段时间隧道里的个体，都一定会有不同的梦想。

16 岁时的车建新，最大的期盼就是成为一个有创造力的好木匠。这一年，他离开了学校开始学做木工。在随后的日子里，他全力以赴。很快，他就以自己的天分，赢得了师傅的喜爱，甚至让师傅愿意将自己的全身技艺传授给他。

两年后，还没满师的他就开始带徒弟了。20 岁时，他已是 5 个徒弟的师傅。有了队伍，他开始自己做家具，并用借来的 600 元创办手工作坊，制作新式家具。但这并不让他觉得过瘾，两年后，他又对商业有了兴趣，想搞商场，于是开始学经营，并拥有了自己的第一家家具门市部——1991 年，25 岁的他投资 100 多万元创办了常州市及周边地区的第一家大型家具专营商场——"红星家具城"。此后不到两年，他在常州、无锡、南京、南通又创办了 5 家红星家具城，走上了连锁化经营的道路，最后实现跨地域发展。

如今，红星家具城已经进化为红星美凯龙，在全国 120 多个城市开业了 170 多家商场，年销售额超过 500 亿元。但梦想并没有终点，接下来，他又有更大的豪情，那就是把企业做到全球知名，打造中华民族的世界商业品牌。

他记得自己刚开始做商场的时候，参观过瑞典的第一个宜家，因为他要研究它的文化。后来，他聘请了原来宜家的副总裁，来讲授宜家究竟有什么文化。总结得知，它所有的文化只有两个字：梦想。

又一次，他看到媒体对福布斯先生[1]的采访，记者问他，你研究世界 500 强几十年了，请你说说财富的共性是什么。福布斯回答了四点：我研究了财富几十年，财富的第一点共性就是梦想，只有有梦想的人才会拥有财富，第二点是要勤奋，第三点是要能勇敢地接受批评你的人，第四点，跌倒了可以再爬起来的人，才会拥有财富。拥有四个共性才是拥有财富。

没有梦想的人，永远也不会懂得启航。"只要你想要，就永远不会太远。"直到今天，他还记得美国的这句名言，和福布斯先生的话一样，说明了理想，或者说梦想，是成功的重要因素。他深信，在"品德第一"的前提下，理想对人智力开发的作用是非常巨大的。它与兴趣也存在着"水涨船高"的关系。

因为理想越大，你的兴趣自然也越大；而兴趣越大，工作的热情就越大，就

---

〔1〕 贝蒂·查尔斯·福布斯，因在中国的"福布斯富豪排行榜"而声名大振。这是由美国福布斯公司商业杂志所创制的一档排行榜。其于 1982 年首度推出时，便在全球产生了巨大的影响。在某种意义上，《福布斯》（ Forbes ）通过对这些财富英雄的关注，以践行其首任创始人 B.C. 福布斯的价值观："商业的目的是要创造幸福，而不仅仅是财富的堆积。"

会更投入、更专注、更用心，能力也就越大，工作的质量也就会越高。

一个是成为一名学者；另一个就是，做一名绅士。

绅士其实是一个舶来品。在英语世界里，它被翻译为 gentleman。其源于 17 世纪中叶的西欧，由充满侠气与英雄气概的"骑士"发展而来，后在英国盛行并发展到极致。电影《王牌特工》中就有这样一句台词："绅士是现代社会的骑士。"《王牌特工》只是一部"不严肃的特工片"，但导演马修·沃恩为了它，据说推掉了《X 战警》片约，因为他相信它一定会火。果然在 2015 年上映之后，它让很多观众为之倾倒，颜值高、西装绅士、特工神器、英式幽默，"绅士特工穿着西装打架虽然不科学，但真的帅爆了。"不得不说，影片创造了新的暴力美学视觉奇观，完美地把一个街头混混改造成一个英伦绅士范十足的超级特工。正如男主角科林大叔在戏里的一句台词："你看过《尼基塔》和《风月俏佳人》吗？"

绅士所相应的阶级，即为"gentry"（绅士阶级）。在英国，这个词本来用于形容士绅以下、小地主以上的男性阶层，其共同特征是文雅、有教养、彬彬有礼。被称为 gentleman 的人，在常人的印象里，通常会手拿文明棍，头戴大礼帽，身着笔挺的西装，足蹬锃亮皮鞋。莫里斯·科恩在《英国绅士起源》一书中认为，"gentleman"是现代英语中与法语"贵族"最为接近的词语。它也与拉丁语中的 generosus（出身良好、慷慨宽容）相接近。

有人注意到，早在 17 世纪后期，英国就开始实施"绅士教育"。它由英国哲学家、政治家、教育家洛克[1]提出。他把那种既有贵族气派，又有资产阶级创业精神和才干，还有强健的体魄的人称之为"绅士"。"绅士教育"的目的在于培养"绅士"。这种"绅士"必须是"有德行、有用、能干的人"，即必须具有上层社会所理解的道德思想与行为，具有开拓资本主义事业的众多能力、机敏与自信，具有高贵的文明的礼貌与仪态，具有多方面的学识，足智多谋。

在英国，曾有这样一首歌："诚实、慈爱、自由和勇气，四项之中缺三项，不能称之为绅士。"从歌词中就充分体现出，英格兰人认为单凭出身是不能成为绅士的。

一篇对绅士文化进行深度解析的文章，便赞叹于其对国民性的塑造："随着历史的演进，'骑士精神'脱胎成了'绅士风度'，然后在英国大行其道。英国具备此修养的男士成为世界文明的代表，这种彬彬有礼的绅士形象，被固化为一种特别的风度，对英国的民族性格塑造，起到不可小觑的作用，同时也形成了别具一格的社会文化，感染同化着那些追求文明脚步的欧洲潮男"。1883 年，英国诗人霍普金斯曾自豪地说，即便英格兰民族不能给世界留下别的什么东西，单凭"绅士"这个概念，他们就足以造福人类了。

中国没有真正字面意义上的绅士，如果非得要找一个与之相类似的字眼，那

---

[1]　约翰·洛克（1632—1704），是全面系统地阐述宪政民主基本思想的第一位作家。他的思想深刻地影响了美国的开国元勋及法国启蒙运动中许多主要的哲学家。他的主要著作有《政府论》（1690）、《人类理解论》（1690）和《教育漫话》（1693）等。他也是一位绅士教育思想的代表人物。

么，儒家文化中的"士绅"，是一个相对合适的字眼。

这是一个在中国传统社会中占有一定地位、发挥一定功能的阶层，在皇权不下县的时代，士绅成为政府与百姓之间最为重要的中介。不过在今天，这个群体更多地被称之为"地方精英"。根据费孝通所著《中国士绅：城乡关系论集》中的描写，兴修水利、兴办慈善、赈济灾民等地方性公益性事务，都由士绅阶层出面组织进行。若政府所推行的政策不尽合理，士绅阶层亦有权收集民众言论，前去面见州县官，驳正或抵制不合理政策。

总而言之，他们在经济方面，充当着地方乡间社会建设的提倡者；在司法方面，充当着乡民间私怨纠纷的主要仲裁者；在军事方面，充当着地方团练的组织者。与此同时，在文化方面，他们一般都是通过熟读儒家思想，应考科举才跻身绅士阶层的，因此大多都成为传统文化的保护者，最为注重仁爱和礼。

在新锐杂志《新周刊》所推出的《绅士精神的中国再造》的专题报道中，是这样阐释古老的士绅阶层所需承载的某些职能：

他们既不是完全与政治剥离开来的纯知识分子，也绝不隶属于"体制内"的官僚阶层。他们既要修炼自身以维持"家长风范"，又要兼顾民情以成为富有同理心与责任感的"读书人"。他们沉浸于书斋之中，却又在同时清醒全面地关注社会，并理性而深刻地进行思考，同时不失理想地给出问题的答案。

得承认，西方的绅士和中国的士绅，有着比较大的差别，但在某种意义上，他们都是文明的传承者，有着对心智的热衷，对荣誉的热切，以及对美的热爱。

香港知名文化人梁文道曾这样谈及绅士精神与我们的传统之间的关联："绅士听起来的确带有一种精英的意味，西方的贵族也好，后来的中产阶级也好，他们都假设别人也是绅士，从精英逐渐往下滑，但不是下落，而是普及了全社会。在中国，'士'原来是一个阶层，但同时也隐含了强烈的道德内核，它的外在表现就是'礼'，后来成了一种全社会人际日常的行为规范。"在他看来，"中西方都强调某种礼，礼是绅士必须具备的东西，涵养与教化是融汇的。礼，或者以礼为核心的绅士精神，在中西方都经历了往下沉降和往外传递的过程，并推及整个社会"。

可惜的是，中国的传统文化几经断裂，让士绅在今天成了一个消失的概念。但因其共通的内涵，也让士绅精神得以复兴体现。相对于传统士绅，更具有现代性的绅士，也更能满足当下审美上的需要。

对车建新来说，成为一名绅士，既是新一代的中国人，在仓廪实之后的知礼节，是美学上的"深度觉醒"，更是伴随着自己所创企业——红星美凯龙的发展，以及对中国商业美学的推动而实现的自我人格的持续生长。在某种意义上，成为一名绅士，和打造一家以美为核心竞争力之一的企业，是相辅相成、相生相长的。

然而，正如罗马不是一天建成的，绅士也不是一天就能修炼成的。正如梁文道所言，成为绅士，需要涵养与教化，在车建新这里，则需要以下五个维度。

它们共同搭建成了绅士的外形和内在。

传承·扎根

正像没有骑士，就没有日后的绅士。也就像没有自己的根，你也一定长成不了大树。中国的古人就一直强调"家学渊源"[1]，陈寅恪如是，鲁迅、胡适、汤用彤、钱穆、钱钟书、俞平伯等人亦如是。

车建新就很感激父亲车炳大、母亲蒋龙英对自己的哺育。

他们都是平凡的人，但是他们身上最本质的勤劳、俭朴、正直，不仅无时不在影响着他的创业之路，更影响着他的人生。

这也让车建新难以自抑地在《父亲母亲：我成长、成才的根》中深情诉说："我今天之所以有点小的成就，渊源当然就在父母那里，所以我要发自内心地说，父亲、母亲：我成长、成才的根！"

他讲了这样几个故事。

第一个故事讲的是，父亲14岁就到金坛的建筑工地做学徒，开始自食其力，20岁即成为工程项目的负责人，从此几十年如一日风里来雨里去。"在我童年的记忆里，不管是寒冬还是酷暑，父亲永远是天不亮就起床，一直要到

---

〔1〕 家学渊源，语出〔宋〕刘克庄《后村全集·送林宽夫父子》："家学有渊源，传之于艾轩。"字面意义为，家世相传的学问有根源。形容出身于书香门第，学问扎实，学有根底。历来，"书香门第""家世因缘"就为国人所看重，古代尤甚，"家学渊源"甚至成为一脉绵延不绝的文化传统。

我们都入睡了才回家。于是我心目中的父亲就始终是做、做、做、做、做……直到他患病躺下；于是我懂得了，'勤劳'根本不是形容词，而是一个动词。"而母亲也说过这样一句话，"西北风也要到大门口去吃"。

在某种意义上，正是父母的无形影响，让他日后有了创业者的立身之本，那就是勤劳的美德，也让他懂得，天上是不会掉馅饼下来的。

第二个故事讲的是，父亲即使很早就成了工程项目的负责人，盖了很多房子，自然也有了一点积蓄，但他个人的生活非常节俭。"一次，我听亲戚们议论：'别人家还会没活做，你老爸总有活干的。'回家我跟父亲说了，不料被父亲痛斥一顿：'谁能保证一辈子都有活干？这样你们就可以大手大脚了么？有活干，也要靠争取的。'我被骂得无言以对。当时觉得很委屈，但等我开始创业以后便深深体会到，父亲正是以一种危机意识来逼我保持俭朴的本色，同时他的话也包含了很深的奋斗意识。"

母亲同样如此。1987 年，她身体已不佳，患了癌症。"那天我买了一些菜专程赶到乡下去看她，母亲当时还在田里撒麦种，本来她看见我来是蛮高兴的，可一瞧见菜篮子里的豆腐多了一点就责问道：'你是买了四角钱吧，太浪费了，买两角就足够了，你真不会做人家！'（'做人家'系常州方言，意为节约）"说得他脸上红一阵白一阵的，不就是二角钱吗？要知道，他此时已坐拥近百万的资产。

但后来，他还是越来越懂得，父母从不追求享受，更谈不上奢侈，是要让儿女从小就注入"一分钱掰两半花"的节俭观呵！正因为如此，在他创业的历程中，总是本着俭朴的原则，尤其是个人生活上从不浪费奢华。

也正是在给了他一生最难得的品格——俭朴之外，父母还传给了他一个重要的"传家宝"，那就是"正直做人与先付出"。

这就是第三个故事，"父母自己一生俭朴，但对凡是有困难或需要帮助的乡邻亲友总是解囊相助，平时全家喝粥吃稀，偶尔有了碗鱼肉又总是一放再放，要等客人上门才端出来。记忆里印象最深的是连续有七八年，每年大年初一都会有叫花子上我们家讨吃的，可父亲总是硬要把他拖上桌吃饭。当时我们都非常不解，甚至还很生气，新年头上弄个叫花子坐在一起干吗？但如今，我们都彻底懂了，父亲是以这样的行动教育我们懂得尊重人，不歧视谁；懂得人格的平等，富有同情心；更重要的是在通过'对别人好'，而培养我们'先付出'的精神。今天我要说，红星的事业能发展壮大，不就是靠了'先付出'的传家宝吗？有位哲人说：'诗人首先要有同情心'，我认为，一个真正的人又何尝不是如此"。

与"正直"相关的还有一件事情，"那时我 17 岁，刚开始打工，很想做一把称手的刨子，却一时找不到合适的木料，于是我就悄悄地去砍了村里人的一棵树，结果刨子还未来得及做，就被父亲发现了。父亲为此十分生气，他喝令我立即给人家送回去。一路上，我一边流着泪，一边想着父亲的训斥，再看看抱在手里那根直直的树干，我开始理解'正直'这两个字的内涵。当然如今我对'正直'的理解更深了，它是中西方文化共同认同的人类最优秀的品质之一，也是优秀管理者必备的素质"。

今天，他还深刻怀念父亲的那顿训斥和那棵已成为正直教育象征的树，没有它，如今就不可能让他拥有购买一大片森林的能力。常言道"严师出高徒"，那么，父亲可谓严父了。也正是因为这个"严"字，他将正直做人的观念贯穿一生。

第四个故事，讲的则是父母特有的智慧——尽管他们文化不高，但他深深感到他们以特有的智慧，赐予了他高情商。比如父亲的话不多，但在他翻看从同学处借来的《十万个为什么》时，对他这样说，"你将来一定比我有出息"。这种激励让他由此养成了爱读书的习惯。等到他在 1986 年想独自创业时，父亲也没有泼冷水，而是说，"你已长大了，想做的事情自己做主，创业要靠自己"。即使他亏了本，也没有责怪，"亏了就亏了，只要多想想"。正是在父亲的激励下，他和他的事业不断地成长壮大，与此同时，他也从父亲的话里学会不断地总结与反思，日后更把激励作为企业管理的重要方法之一。

在激励的同时，父亲还教会他思考和请教。遇到问题，父亲告诉他，不要急着哭，不会的话，就去请教别人。在后来的工作中，他就经常通过借助外部顾问、请教专家获得成功，这都源自父亲的启迪。

在他眼里，"父亲看似木讷，其实也是非常善于巧干和创新的人。他的一项创新，让许多本盖不起房子的人能够盖房子，也让母亲这辈子有了件常挂在嘴上的得意事。这就是父亲在盖房时将原来内山墙的木质结构，大胆改用水泥结构，这样一来，节省的建筑成本至少在一半以上。我后来在工作中总喜欢动点小脑筋，来点创新和发明，这恐怕也正是父亲创新基因的遗传吧"。

直到今天，他都感恩父亲、母亲的言传身教，让自己受益匪浅。正是吸取着这些根的养分，他们这些枝叶才能得以蓬勃生长。尽管他是红星美凯龙的"创一代"，但在自己家族内部，他一直将自己定位在"第二代"。

2015 年 10 月份，由第一财经打造的国内首档关注家族企业治理和家族财富传承的大型季播节目《中国经营者·家族传承》于上海举行新闻发布会，他受邀于现场发表题为"我是一代"的主题演讲。在讲述了父母给他传承的"勤劳，正直，俭朴"这六字箴言之后，坦言"传承不仅是富人要传承，穷人也要传承，我的父母亲是第一代，他们做到了精神的传承、身体力行的传承，然后到了我们第二代就开花结果了"。

今天的他，已经是两个宝贝女儿——车一鸣、车有露的父亲。媒体对他们一家的印象就是，"车建新对子女从小的管教并不是很严厉，基本上处于放养状态，但子女都很成才也很独立。车建新说家族里并没有特别的家训，或是家族宪法、家族委员会什么的，最主要的还是一代一代的言传身教，让家族内部总是充满正能量"。

2016 年 1 月刊的《接力》杂志，曾将镜头对准了这父女三人。在媒体眼里，当父女三人出现在镜头面前，可以说毫无违和感，父亲潇洒、女儿漂亮，更主要的是都有一股精气神。

在同样将父母传承给他的——勤劳、正直、俭朴，继续传给下一代的同时，车建新还要给他们留下"体验的智慧"，包括成长的体验、生活的体验和生命的体验。"我觉得对于一个人来说，勤劳才是真正的幸福，智慧才是真正的生命。智慧从哪里来？一定是通过实践锻炼出来的。实践出智慧，并且创造更大的舞台，再锻炼出更大的智慧。"

所以，《接力》杂志这样描述这一组父女："对于两个女儿在创业中犯的一些小错误，车建新几乎从来不批评，而是以鼓励为主。但是，对于一些重大的错误，比如说懒惰，比如说为人处世上暴露出的品格问题，他就会进行非常严厉的批评。车建新要培养她们成为企业家，而做好企业家首先要学会先做人、再做事。车建新非常注意不溺爱子女，太溺爱谁就是害了谁，谁就得不到成长。车一鸣和车有露都具有勤劳、正直和俭朴的品质，在她们身上能看到父亲的影子。"

这让人不禁感叹，与很多家族企业在传承过程中遇到巨大路障不同，红星美凯龙在企业的转型和传承中依然高歌猛进，这正是由于车氏家族一直倡导的是精神传承，而不仅是事业传承。

正如其在《体验的智慧》一书的自序《一切智慧皆来自体验》中曾说过："事业其实并不是一代人就能完成的，而这种代代传承积累延续的保证，就是对家族精神智慧亮点的深入体验"。

学习·体验

车建新很不喜欢看自己 10 多年前的老照片。10 多年前的老照片，车建新每次看都觉得很难为情。说起来，二十几岁的时候，正是人生年富力盛、朝气蓬勃的时候，但照片上的他，却显得表情木讷、头发散乱，西装皱巴巴的，坐也没个坐相，只有一个人样。

但是，"今天的我，就像电影明星周润发一样，始终面带微笑，头发光亮，西服笔挺。我想就是我的好友，恐怕看老照片也未必能认出我来，都会说我的变化很大。变化在哪？我认为不是年龄的与时俱进，也不是成功创业的春风得意，而在于学习。是学习，改变了我的人生观，也彻底改变了我的人生。"

2005 年 9 月 13-16 日，国际组织学习协会在奥地利的维也纳举行了第二届全球论坛，车建新应邀做了专场演讲。在演讲中，他将"学习"视为人生中最为重要的一个内容，甚至连演讲的主题，都被敲定为《学习给我新生命》。

这不是一个人的声音，而是一代企业家对学习的认肯。

如果说，前文肯定了文化及精神传承等内在积淀——对一个想要成功的企业，或者，一个人想要成为绅士——有着非常重要的作用。那么，在这里，我们需要强调的是，它也少不了后天不断的学习及进补。

就像英国哲学家、政治家、教育家洛克提出"绅士教育"，西方的传统绅士阶层也并非终日享乐，他们同样在不断地加强学习，让人格得以提升和锤炼。19 世纪的本杰明·乔伊特便创立了导师制。这位极富人格魅力的老师，要求学生把他在壁炉前朗读的作品，即兴翻译成拉丁文或希腊文。经过 30 多年的努力，本杰明终于为绅士们建立了重视学习的传统，并在 20 世纪备受推崇。

这也正是车建新想当一名学者，甚至将成为一名学者放在做一名绅士之前的原因。不过一开始，车建新对学习的认识还不像今天这么清楚。

在做木匠之前，他只读到了初中就不想再继续念书了，想着到社会上挣钱。虽然创业让他小有成绩，甚至在 1988 年，他就赚到了人生的第一桶金——50 万元人民币，但是到了 1994 年，红星美凯龙差点就走不下去了。"为什么呢？因为我们毕竟是连初中都没有毕业，我的妹妹也跟着我初中没有毕业，我的妹夫是高中毕业，还有其他几个人最多是大专生。企业搞不下去怎么办？"

只有学习。幸运的是，学习并不是学校里才能进行的事情，很多时候，围墙外的大社会，更像是一个锻造人的大熔炉。只要你能意识到学习的重要性，时时刻刻地去认真"体验"，你在丰富自己人生的同时，也能丰富个人的内心。

在车建新看来，做好学习，有这样几种方式：一是与水平比自己高的人交友，正如"近朱者赤，近墨者黑"，交到好的、高素质的朋友，才会"听君一席话，胜读十年书"。二是用"问为什么"的方法学习，培养自己问为什么的习惯，在人生中经常探究问题的本质。当然，作为一个读书人，他还是认为，与书的作者、书中的人物对话，并在对话中彼此交流、谈心、欣赏，也是一种非常好的学习方式。

除此之外，要擅于用联想的方法看问题。"联想常常能让人进行发散性思维，能举一反三、触类旁通，从而提高创造力、创新力。"要学会运用讲故事、听故事的方法。"几乎每个人都是听着故事长大的，许多故事还赋予了我们深刻的人生哲理。现代企业管理通常崇尚案例教学，借他人之鉴。故事还可以培养人的幽默感，让人在幽默中享受轻松学习的乐趣。"当然，也应该多看看有教育意义的电影、电视剧。

在这几个方式之外，今天的车建新更注重的是"体验"。在某种意义上，体验近乎人的主动实践。"能力从何处来？能力是在实践中培养、锻炼出来的。通过实践不断观察、不断分析、不断研究，就能提升能力、丰富经历。好吃懒做、眼高手低、得过且过、浅尝辄止的人，是一定得不到丰厚回报的。"

正如他在自己的著作《体验的智慧》中所说："我想，如果要说我今天的事业算得上是一些成功的话，那完全得益于我长期对生活对工作用心地观察、分析、解剖、总结、想象、联想、模拟和互动的习惯，概括起来就是两个字：体验。"

"体验，不仅能提升人在平凡生活中的智慧，还可以获取现实生活中无法满足的许多东西。体验真是个宝贝，认识体验，当然更要善于体验。

人为何物？说是高级动物并不精确。人是智慧的动物，更是希望的动物，其所有的智慧都是体验而得。其他动物为什么没有智慧？因为不会体验，或者说根本就缺乏体验的功能。就论最原始的本能，同样是食，动物无一例外只会生吃，而人类把果腹充饥进化到了丰富的美食文化；同样是性，动物只是交配，而人类可以演绎出浪漫万种的爱情。照我看来，这个巨大差别的秘密，就是体验的功能。十分可惜的是，现在很多人并不重视体验，甚至让这一功能都关闭了、退化了，那怎么还会有智慧的产生呢？"

正是在这种学习和不断体验的过程中，红星美凯龙和他个人都进入了一个快速发展的通道。到 1996 年，红星美凯龙跨地区连锁经营，并取得了相当亮眼的成绩。不过，老革命又遇到新问题，那就是经过五六年的经营后，企业管理出现了滞后。

在某种意义上，学习和体验既推动了企业和个人的发展；同样，企业也被这种发展所倒逼。为了解决这个滞后的问题，车建新开始大量招募新人，引进有知识的大学生，但让人头疼的是，新老员工之间互不服气，甚至互相敌视。

有技术、有经验的管理人员没把新来的大学生放在眼里，而大学生又恃才看不起学历低的老员工。

"我们试图用制度管理来解决问题，但最后发现不是制度能够改变的，我们转而用企业文化、用团队学习来改变。事实证明我们走对了路。"

这种团队学习的想法，是受国际上倡导的"学习型组织"的启发。它也成为红星美凯龙在制度管理后推出的另一个管理利器。在得到了国际学习型组织创始人彼得·圣吉博士[1]的指导和肯定的同时，他帮助红星美凯龙将自身打造成了学习型的企业。在这种团队学习中，红星美凯龙要求老员工和大学生相互学习，老员工向大学生学习理论，大学生向老员工学习经验，通过这样的学习来实现相互融合。

同时，他推广"8 小时以外管理"，倡导"多与高素质的人来往，不交对自己长进毫无帮助的朋友；提倡多种方式的学习，反对虚度业务闲暇时光"，以此引导员工 8 小时以外的生活，培养员工良好的生活方式和行为习惯。

红星美凯龙同样组织、支持并奖励员工的学习。在 21 世纪的前几年，就已经每年投资 200 多万元请专家授课，每年为每位员工报销 200 元书费，对通过学历、职称升级的员工给予一半以上学习经费的支持等。从 2002 年开始，红星美凯龙就给数百位管理人员送了书柜，并为 100 多名中层以上管理人员

---

〔1〕 彼得·圣吉（1947—　），当代最杰出的新管理学大师。1999 年，他曾被《经营战略》评为 20 世纪对商业战略影响最大的 24 个伟大人物之一，著有《第五项修炼——学习型组织的艺术与实践》一书。

家庭聘请了家政服务人员，为的就是让他们能有更多时间用于学习，而不为家务所拖累。

在接受《首席人才官》的采访时，车建新坦承，对自己团队中的职业经理人，曾有这样一个要求——"三个1/3"，就是"1/3时间自己学习，1/3时间做教练，1/3时间做主要工作"。他认为，作为中流砥柱，一定要从事务中脱离出来，腾出时间，开阔新的视野，拓展新的兴趣，培养新的技能，更新自己，升级自己。多参加进修、社会活动，多到其他企业考察，花更多时间去调研。着力培养自己宏观控制、战略思考、行政管理、高端外交等方面的能力，提升自己做教练的水平。越是陷在事务中，能力越是得不到提升；越是沉湎于具体事务，下面的人就越得不到锻炼。久而久之，自己麻木，下面的人也麻木。

今天的红星美凯龙，已然将学习当成了自己的战略决策。因为没有员工的进步，就没有企业的成长；员工成功，企业才会成功；员工成为品牌，企业才能成为品牌。与此同时，员工对美的认识越近一步，红星美凯龙在美的路途上就能走得更坚实一步。

事实上，在车建新看来，学习除了可以带来知识、技能、资讯等好处外，甚至还可以延长人的生命。"人的生命，除了时间、年龄这一基础概念外，我觉得，它有着更深邃的内涵。比如说生命的质量，它折射的是一个人的生存价值；比如生命的空间，它体现的是人的思维方式和创造性；又比如生命的信仰，它反映的是人更高层次、更高境界的精神追求。而这些，唯有通过学习才能获得。"

既然学习能延长人的生命，那我们首先就要明了生命的意义。今天的车建新，显然对这个意义有着自我的认知。

它主要体现在以下四个方面：一是要创造生命的条件。生命是最基本的人权，生命也是人生价值的基础，所以人要创造条件活着，并以此为基础追求活得更好。二是要证明生命的价值。就是人要活出生命的精彩，为社会、为人类做出应有的奉献，而不是衡量一个人得到了多少、拥有了什么。三是体验生命。就是体验人生的酸甜苦辣，踏实走人生该走的每一步，既不沾沾自喜于成功喜悦，也不灰心丧气于失败挫折，视一切发生的事为恩典，苦心志，劳筋骨，增益人所不能。那么，第四点，就是要认识世界、了解未来。

"我认为人是来了解和认识这个世界的，人的生命的真正意义就是为了多了解这个世界，多学习它的历史，多预知它的未来。只有这样，人才不枉一世人生。"

在某种意义上，车建新通过学习，活出了一个新我。

自信 · 英雄

正如绅士经由"骑士"发展而来，几乎每个中国的孩子，在成为一位大人物之前，都有过一段难以抹除的英雄情结。

车建新就崇拜过赵子龙。他记得自己在小时候曾收藏过 50 多本连环画。"那个时候陪伴我的只有连环画和收音机。我收集了《岳飞》《杨家将》《赵子龙》《楚留香》《霍元甲》等连环画，后来我也看了很多的名人传记。我呼吁大家，一定要看名人传记，名人传记会让我们的心脏燃烧，让我们的血液沸腾，让我们有新的梦想。所以说我是一个很崇拜英雄的人。小时候我崇拜赵子龙，在乡下的田埂上边跑边说，'我是赵子龙，我是赵子龙……'后来掉到田里去了。我觉得崇拜英雄非常重要，赵子龙的灵魂在我的身上践行。"

这种英雄情结，既是一种英雄崇拜，更是一种与生俱来的对自身的梦想或者说目标的强化。他希望通过与英雄建立某种神秘而又亲密的关联，用其完美的道德和无穷的力量，让自己懂得谨记得体、保守、谦逊、礼貌、沉默、尊重女士，给人留下举止言行富有教养的印象。就像19世纪的著名绅士切斯特菲尔德勋爵在给儿子的信中写道："永远不要显得比你周围的人更聪明、更有学识。将你的学识像手表一样，小心放进自己的衣袋里，不要轻易拿出来炫耀，而只是让人知道你也拥有它。"

或者，就像《碟中谍》中的阿汤哥，或者詹姆斯·邦德那样，认真实干、崇尚公平、注重法制，为建立一个更为美好的社会，去付出，乃至牺牲自己。

学习英雄，并努力让自己成为一个英雄，然后争取获得成功，也是成为一个绅士的重要的参考路径。

除了车建新之外，中国也有不少企业家都或多或少有着这样的情结，他们日后的成功，都是源于这种情结的催发。比如联想"教父"柳传志，他就亲自承认，自己是有英雄情结的人。"从一开始创办联想，我就想做大事，想把联想办成一个基业长青、长久发展的大企业。"

正是这样的英雄情结，以及这样的好胜心，推动着联想成为国际化的大品牌，也推动着车建新从小木匠成长为中国的杰出企业家，并且让他创办的企业变成了一个伟大的商业帝国，并切实改变和塑造了中国人的家居生活美学观。

他说到体育比赛，"靠的就是赢得冠军的信心和战胜对手的好胜心。真正高明的教练，他要培养球员的不光是球艺，更重要的是他的自信与好胜心。好胜心一旦减弱，优秀的人也会变得平庸，平庸的人会更平庸。而有了好胜心，也就是树立了必胜的信念和持久的毅力"。它会给人带来巨大的成就感和自信。

相反的是，没有自信或者必胜的信念，英雄情结也就极度虚弱，成了无根而随波漂流的浮萍，而好胜也成了很无聊很低层次的争气斗狠。

英雄情结和自信相辅相成、互为因果。

这种自信，既是建立在培养之上，也是建立在对自身传承的认可上，建立在无数的自我学习和修炼之上，当然，更是建立在不断的成功实践与体验之上。

这种自信在当今尤为重要。毕竟，中国的商业水平与国际同行相比还处于追赶阶段，诸如百货超市、家电超市、建材超市等商业模式，基本都是从国外照搬来的，其经营管理水平及市场竞争力，尤其是资本实力，与国际同行相比差距很大。如果我们因此丧失自信，不去谋求自主创新，就永远跟在别人的后面走，要想赶超几乎没有可能。

车建新曾将"自信与好胜心"列为"大脑营养"之一。另外两个是"激励和成就感""理想"。他这样阐释自己的观点："人的成长需要精神上的钙质，这便是自信。自信并非天生，它是靠后天培养起来的。通过不断学习、实践提升，一次次成功，你的自信就会与日俱增。而只有自信的人，才会把身上的潜能充分发挥出来。因为自信就是自己相信自己、自己对自己的信任，这样也才会让自己的思维高度集中，让每一根神经都冒出灵感的火花，因为自信让你一鼓作气、全身心地投入，带来人的各方面提升的良性循环：自信开发智商，智商提高才能。自信才会自强，自强的反面是依赖，抛弃依赖就成功了一半。"

所以，在某年的新年祝福中，车建新给公司全体员工提出了"人要自信"的寄语："这话绝对没错。自信是一个人的力量之源、精神之根，也是一个人发挥潜能的前提。"

而在提出"人要自信"的同时，车建新希望大家"自信不自大"。"自信的同时别忘了谦虚。自信是相信自己，谦虚是尊重别人。一个内心充满自信的人，必定是个懂得欣赏别人、尊重别人的人。他知道人外有人、天外有天；他知道没有完美的个人，只有完美的团队。

成功的秘诀之一就是多多求教于人，一个人能获得外人助力的大小，往往决定了他的成就大小。红星美凯龙都知道，要与比自己素质高的人交朋友。过年，就是一个交友的好时机。节日期间，不光要走亲，更要注重访友，多交往，多沟通，要让朋友成为家人，把友情变成亲情。自大是冒牌的'自负'，是一种虚张声势，也是空虚的表现。自大者往往缺乏清醒的自我认识，坐井观天，以为老子天下第一。带着自信，带着能力，又永不满足。成功就在于自信与骄傲之间的适度把握。"

绅士亦然。

创新·自主

在绅士的传统字眼中，很少有自主、创新的字眼，但在进入当代语境后，缺少它们，显然是对现代绅士的最大伤害。

车建新曾亲自感受过这样的一次"羞辱"：

2000 年 10 月，美国沃尔玛的总裁李斯阁来中国考察，但他没有看中国的商业，看的却是德国的麦德龙和法国的家乐福。"这件事对我刺激很大，我一定要把我们红星美凯龙建设得更快更出色，让李总裁下一次再来中国时，不得不来红星美凯龙，看看我们中国的新卖场是怎样的规模和气派。"

幸运的是，随着中国在改革开放后的崛起，以及中国商业美学的复兴，创作已然成为这个世界最难忽视的力量。与此同时，中国的商业，已经逼近了学外国模式还是自主创新的临界点，并在持续突破当中。这也给足了红星美凯龙打造中华民族新卖场的底气。

在 2006 年的德国杜塞尔多夫市"零售业国际论坛"上，车建新做了题为"红星美凯龙：自主创新建设中国特色的零售品牌"的演讲。演讲中，他谈到了世界商业的"三次革命"——第一次世界商业革命，是发源于中国的"丝绸之路"；第二次世界商业革命，则是中国的商铺繁荣；第三次世界商业革命，是欧美兴起的便捷购物的超市模式。那么，到了第四代商业，则应该是个性化的舒心购物时代，要求商场品牌多，个性化选择强，兼备休闲、娱乐的功能，满足顾客舒心购物的体验。

从这几次商业革命中就可以看出，世界的商业一直都在迭代变迁中。这也让红星美凯龙确立了自己的商业理念：商业不能一成不变，必须不断创新，顺应社会的变革和消费者的需求的变化。与此同时，在第三次世界革命中，远远落后于世界的商业潮流的中国商业，也需要创新。它是我们从追随到赶超，从跟跑到领跑的唯一途径。

"是成为世界加工厂还是创自主品牌？"有如哈姆雷特的追问"是活着还是死去"这个问题让每个中国企业都无法回避。红星美凯龙深深意识到，"国无工不强，国无商不富。一个国家如果商业不发达，工业将永远被人牵着鼻子走，生产企业也将逐渐沦为世界商业巨头的加工厂。振兴民族工业必先振兴民族商业，这也正是红星美凯龙的使命所在，也是他们自主创新的动力源泉"。

在车建新看来，如果说科学技术是第一生产力的话，那么，自主创新是一个企业的第一竞争力。缺乏核心竞争力的企业，只能处于产业链的低端，永远成不了气候。

好胜的他，一定不会允许红星美凯龙只是小打小闹。

当然，对红星美凯龙来说，也有一个客观的有利条件，那就是中国国情，这个现实情况也决定了它可以不断地升级换代——西方经历了高速发展期后，经济进入了一个相对平稳、成熟的时期；与之相对应的零售业模式也是相对平稳、规范的。虽然工业产品的更新换代很快，诸如彩电、手机等，而零售业模式的变化却不大。而中国的情况则不一样。

所以红星美凯龙也有这样一句口号，"把商场当作产品一样精雕细琢"，既然是产品，就要像彩电、手机那样不断地更新换代。

一方面， 车建新发现，中国有几千年商铺经营的传统，中国最大的优势就在于工业生产者、商铺的群体庞大。于是，在前无古人、没有现成借鉴的道路上，红星美凯龙自行探索，大胆创新，洋为中用，古为今用，将现代商业模式"销品茂"（shoppingmall）与这些商铺传统相结合，把传统的露天集散市场创新为现代服务业的连锁商场，并走向全国。这也是极具中国特色的连锁，与超市的连锁不同，它可以共享品牌、共享资源，还可以互补、促进。通过不断的升级创新，红星美凯龙终于发展成为与洋超市匹敌的品牌家居"销品茂"，对发展中国的新型商业做出了原创性的贡献。

另一方面，在商业空间上进行创新，从第一代到第七代"体验购物广场"，再到聘请保罗·安德鲁打造的金桥艺术商场，不断升级，不断增添空间创意，从而打造了属于红星美凯龙独特的渠道美学。这种升级迭代正在持续，并在快速的推动当中。"它们第一年是老子，第二年就成了儿子，第三年则成了孙子。"

当然，更重要的还在于红星美凯龙经营管理上的创新，如从独到的"全球名牌捆绑式经营"[1]"现代商场化管理"[2]，再到 2002 年于全国率先推出

---

[1] 在"名品进名店"的原则下，在红星美凯龙各大卖场经营的都是"牌子过硬、质量过硬、服务过硬"的著名品牌生产商，强强联手，共生共荣。当时有 2000 多个中外知名品牌与红星美凯龙捆绑在一起，获得了"1 + 2000 > 2001"的品牌倍增效应。

[2] 基于打造一流荣誉平台的宗旨，红星美凯龙把严格管理引进卖场，全面强化对市场的管理和控制。比如，在售前实行商品准入制和销售商品建档制，售中实行商品质量和服务质量预警制；推行统一收银、统一送货、统一售后服务。

了"所有售出商品由红星美凯龙负全责"的诚信服务创举……

在某种意义上，红星美凯龙通过这些管理上的创新，让中国多年来大棚式的、品牌、杂牌与伪劣商品并存的商业市场，变成了"放心购物"的场所。当然，随着第七代"体验购物广场"的推出及复制，红星美凯龙再次引导中国商业进入"美学购物"的新时代。通过这个美的平台，消费者可以一站式购齐自己需要的商品。

也正是这常年不懈的创新，让崇尚创新、追求创新成为红星美凯龙共同的价值取向，也让创新文化成为红星美凯龙一路向前的发展基因。

当然，创新也不是一件简单就可以实现的事情。

对推崇学习和体验的车建新来说，"学习使企业文化成为富有创新力的文化。以学习促创新，以创新促超越。学习，成了红星美凯龙永续创新的最强大动力"。

这种学习，并非死读书。在红星美凯龙，倡导的是一种"对位学习"。可以理解成是富有针对性的学习，要学以致用。因此，红星美凯龙一直强调一定要明确学习的目的，要把学习同自己的专业岗位结合起来。然后，通过学习来培养、提高人的创新思维能力，并用到实际工作当中。这样，在今天这个"知识经济"的时代，就可以有效地将知识转化成能量，产生真正的生产力，从"学到"到"悟到"再到"做到"，即从"学到"技能，进入人生使命、价值观念、成功信念、角色定位的"悟到"层面，再"做到"新的愿景行为，这包括愿景信念、思维模式、心态情绪和行为习惯。

另外，要想做好创新，更重要的是发挥人的潜能。"一个人的能力到底有多大？古往今来，似乎谁也说不清楚，据说爱因斯坦的大脑也只用了十分之一。"虽然人的潜能表面不易被感觉到，但实际上能量是非常巨大的。很多人意识不到这样的能力，常常对自己进行"自我设限"，即自己为自己设置了某种限制。

"一个人来到世界上，从童年起即会接受来自社会的、历史的、传统的、世俗的、环境的、他人的种种'清规戒律'般的'信息'，这些信息无疑就在你的大脑里留下这样那样的烙印，久而久之，这些'烙印'便成了一道无形的墙，限制了你思维的拓展，妨碍了你创新能力的提升，这就是'自我设限'。"

在《体验的智慧》一书中，面对来自他人的诘问："'自我设限'是创造的大敌，它像一个'瓶颈'，难以突破；它像一片沼泽，让你陷在其中无法前进。如此下去，不仅你永远不能前进，就是原有的能力也将萎缩退化，是一种十分可怕的结果。那么，我们该如何突破'自我设限'呢？"

车建新坦然回答："我想首先是要解决观念上的问题，这样也就解决了思维方式上的问题。我从小爱看霍元甲、楚留香和孙悟空等故事，乃至今天他们对我的帮助还是很大。霍元甲之所以能成为武林宗师，关键在于他不拘于一门一派，不将自己框死，而是博采各家之长，创造出了独具一格的'迷踪拳'，结果所向无敌。而孙悟空七十二变、腾云驾雾的形象更成为后人'不设限'的榜样。

举个实际的例子：上海汶水路商场与真北路商场相距只有 7 公里，石家庄方北商场与解放路商场相距只有 4 公里，成都两个商场相距只有 1 公里，按商业常理，同类的商场距离这么近是犯忌的。但事实上这几家商场都很火爆，互相聚拢了人气。我就是不设限、不信邪，采用的是令狐冲的'吸星大法'。"

换句话说，不自我设限也就是不局限自我，敢于打破传统，善于因时因势而变，可谓"变则通、新则灵"。

"从人力资源开发的角度上看，一个人突破了自我的设限，往往还能带动其他人的突破。比如，举重界原来有一种'500磅（约227千克）瓶颈'的说法，即大家普遍认为500磅是人体体力很难超越的极限。但在一次大赛中，由于工作人员失误，499磅举重纪录的保持者巴雷里比赛时所举的杠铃实际上超过了500磅。这一消息传出来后，世界上有6位举重好手接二连三都举起了一直未能突破的500磅重量。再比如，两个差不多成绩的学生，考试前也许彼此都认为自己只能考80分，但要是其中一个一下子考了90分，那下一次考试另一个学生很有可能会突破80分。这些例子并不是简单地说突破自我有感染性，而是说对'设限'的突破会给他人以极大的启示与激励，自己潜力的发挥无形中也带动了他人潜力的发挥。"

对红星美凯龙来说，在团队学习之外，也急切希望能形成一个"团队创新"的氛围，大家在这样一个氛围内，不自我设限，也不设定他人，大家互相促进、互相提高，以此带动红星美凯龙在自主创新上有所作为。

车建新说，竞争不是拳击，而是跳高。"这就给我们很大的启发：你想永远走在时代的前列不被淘汰，你不光是击败几个竞争对手，把他打倒在地；你的目标应该是不断地突破自我，永不设限地不断超越。跳高冠军从来就不是一开始便能跳到破纪录的高度的，都是从低限一点点往上抬、一次次往上升，那么他一次次的成功超越，正在于他一次次地不给自我设限，教练也必定是从突破世界纪录的期望值上来设定他的运动员的。"车建新相信，教练一定每天会说这样一句话——事实上，这何尝不是他对他自己，对红星美凯龙每天都会说的一句话——

再把跳竿往上抬，你照样能跳过去！

开放·包容

红星美凯龙在今天之所以成为红星美凯龙，原因还在于其自身的一个宝贵品质，同样也是一个人想成为绅士，在传承／扎根、学习／体验、自信／英雄、创新／自主之外，必不可少的第五个维度，那就是开放，或者说包容。

开放可以分为外开放和内开放。

所谓的外开放，亦即对外开放，也就是在这个国际化竞争的年代，要努力打开自己的视野和胸怀，并勇于加入国际的商业大循环之中，而不是闭门造车，孤芳自赏，自说自话。在某种意义上，还要善于兼容并蓄，关起门搞自主创新绝对不行。"揽四方菁华，纳八面来风，消息吸收，集成创新，这些都是自主创新的重要方面。"所以，红星美凯龙以开放式的学习姿态，一方面学国际先进的连锁模式，学销品茂的品牌团结，学习借鉴国际超市的经营思路、管理方式，学现代企业营销；另一方面，又顺应国情，紧扣中国人的消费习惯、审美心理，在消化吸收中再创新，"青出于蓝而胜于蓝"。

这里有不少鲜活的案例，比如说，聘请保罗·安德鲁来设计红星美凯龙的艺术商场。又比如说，在推行"现代商场化管理"，把严格管理引入商场时，学习杜拉克、韦尔奇的管理理念，把彼得·圣吉、科特勒等请到红星传授经验，把最优秀的管理运用于红星。同样，也正是在彼得·圣吉的理念中吸收精华，让红星美凯龙坚定地把自己打造成了一个学习型的企业。

与此同时，坚持让自己的员工每年都到国外去走一走，看一看。

这种不断"请进来，走出去"的做法，让红星美凯龙受益匪浅。车建新一直坚持，企业的领导者要在不断提升自己判断力的前提下，充分吸收人家的长处，换句话说，也就是"借智慧"，然后再充分调动自己的智慧，两个智慧加在一起，自然有了好的谋略。

更重要的是，这个国际化的时代，虽然无时不在竞争，但也在强调合作。坚持"请进来，走出去"，既是在风雨之中历练自己，锤炼自己，同时，也是在努力地寻找机会，和他人一起做强做大，实现共赢。

所谓内开放，也就是对自己所处的这个行业，以及与行业相关的上下游产业的开放。这是国际化竞合的时代，同样也是一个产业链生存的时代。每个个体的强弱，都会影响着整个链条的品质和坚实程度。

正所谓"一花独放不是春，万紫千红春满园"。

因此，红星美凯龙要想实现真正的可持续性的崛起，就需要在自身不断创新的同时，充当中国广大家具、建材生产企业品牌自主创新的孵化器，充当创业和职业的孵化器，并对"企业公民"意识做出有力的诠释。

在引领行业升级创新上，红星美凯龙一方面致力于完善自己的设施、管理和服务，另一方面通过对美的领悟和实践，来传播居家艺术和居家品位，从而让自己成为行业的风向标，在家居流通业中自发形成"全国学红星"的热潮。

在做民族品牌的孵化器上，红星美凯龙也选择了一条扶持工业、共生共荣的创新之路。不仅为厂家直销搭建高平台，让厂家有较大的利润空间用于研发、设计，还帮助厂家精心设计展厅，更好地树立自己的品牌。正因为如此，数百个民族品牌在红星美凯龙的大平台上孕育而生……

与此同时，正如前文所叙的那样，红星美凯龙还积极地扶持中国的原创设计，并成立家居业的中国原创俱乐部，力助它们走向米兰展这样的世界舞台。

在车建新的心里，红星美凯龙之所以在第七代商场之后，还要做第八代和艺术商场，不仅仅是为了打造自身的渠道美学，更重要的原因还在于，通过这样一个好的平台，引导中国的工厂设计出更好的产品。"我就是要给他更好的灵感。"车建新说，"我要让我们的商场，成为每个设计师一到这里来就能产生灵感的地方。让他们愿意来，看了以后就有灵感，有了灵感之后，他就会设计出更好的产品。"

这样，在出好产品的同时，能带动中国家居业的整体提升。这样，在受到外国产品的挤压，以及在像沃尔玛这样的洋超市的入侵时，可以增加自身的溢价，提升自身的话语权，不至于利润的大头全都被外人所截取。

所以，"为什么会有这么多经销商争着和红星美凯龙合作，除了跟着红星有钱赚，更重要的是红星美凯龙可以帮助它成长——经销商看到了这一点"。

除此之外，红星美凯龙还努力地做创业和职业的孵化器。"在广大入驻红星美凯龙的厂商、经销商眼里，红星美凯龙不光是催生财富的摇篮，还是培植老板、经理人的摇篮。这里不只是提供了一个创业的舞台，更像是一座提供他们学习、成长的院校。"

通常一个自营商场或超市只有一名总经理、数名部门经理，而红星美凯龙的每个大卖场都有着数百个展示销售厅，可以培养出数百名工厂经理和代理商。对他们，红星美凯龙也没有听之任之，而是在细心服务的同时，每年耗巨资邀请业内的专家学者给他们做培训，帮助他们提升从业素质和水准。

这还包括其在 2013 年正式成立的鲁班家居学院。通过训练，员工从被动的商品推销者，变成引导消费者的家居生活专家、品质生活专家，或者时尚美学专家。同时，面对全产业链上的厂商、经销商、门店店长，红星美凯龙通过家居学院对他们的培训，来提升全行业的美学素养。

这种培训和训练，曾让一位经销商颇有感触地对媒体说："我们这些游击队员都被训练成正规军啦，红星美凯龙就是我们中国家居业的'黄埔军校'。"

随着红星美凯龙的发展加速，从百 MALL 时代，进入今天的百城时代，再到未来可见的千城时代，这所"黄埔军校"的体量和规模将会变得更为惊人，与此同时，在这个平台上，所培养出的人才更是数不胜数。

当然，在这种开放的背后，是一种无言的爱和包容。在接受诸多媒体采访时，车建新每每提及自己，总不免会说："我姓车，属马，性格像炮。""可我觉得这样很好。我总是直截了当地表明自己的观点，不转弯抹角，不掩饰自己的爱憎。我认为对于现在的经商来说，直爽太重要了。一个真正的商人一定是具有爱心的人，一定是知恩图报的人，否则他就不会成功。我们做市场的如果没有先付出的精神，不对合作者和消费者倾注爱心，绝对做不好市场。因为有爱心才能产生热忱，而有热忱才会产生巨大的能量。爱默生说过：'有史以来没有任何一件伟大的事业不是因为热忱而成功的。'"

在这种爱和包容的同时，还有一种情感，就是归宿感。

开放和归宿看上去像是两个词，但事实上是殊途同归。一个开放和包容的企业，一定是让人有归宿感的企业。让人有归宿感的企业，也一定是具有开放和包容心态的企业。与此同时，让人有归宿感，一定会让这个企业在开放和包容上做得更好。

车建新就很期望，大家都能在红星美凯龙培养出自己的归宿感。为此，需要大家有背水一战、与企业共存亡的思想。

"这样一来，你就会斩断所有的犹豫和彷徨，使自己没有退路，全身心投入工作；你就能战胜任何困难，利用企业提供的平台获得事业的成功。"

"有与企业共存亡的理念，你就会胸襟开阔，处处从大局出发，将个人融入团队。现在已不是单打独斗的时代，而是讲究发挥长处和优势互补，讲究团队精神。团队绝不是靠某一个人，其优势在于群策群力，发挥集体的力量。

很多人不是没有本事，而是不会协作。我们一定要学会关心你的上面两个部门和下面两个部门，形成互帮、互补的团队，共同进步，共同成功。"

这种团队合作，又何尝不是开放和包容的体现呢？

这样的企业，何尝不能成功？今天的车建新，向绅士的梦想无限逼近。红星美凯龙，也越发地像一个"绅士型企业"。正如前文所说，这既是美的进化，更是中国企业于几十年的野蛮生长之后在审美上的进化。与此同时，它推动着这个国家以及整个社会进步。

曾几何时，中国的个别企业，尤其是一些处于成长期的中小企业，面对一夜暴富的诱惑，选择了"土匪"式的发展路径。"他们掌管的企业具有掠夺性、侵犯性，表现为恶意延长劳动工时、恣意钻政策漏洞、违规操作、对资源环境普遍漠视、对他人生命财产漠不关心。"然而，在经历了20世纪80年代的一夜暴富和90年代的超常扩张之后，面对资源环境的约束，面对"不患寡而患不均"的伦理拷问，中国的企业家开始思考企业的社会责任这个深沉但却现实的问题——做"土匪"，还是做"绅士"？

这个命题，也成了众多媒体和公共知识分子所关注的对象。

不管如何，成为一个绅士，或者一个"绅士型企业"就意味着，车建新以及红星美凯龙不仅要对这些"土匪"式的发展路径说"不"，要和它们划分界限，更要在做好企业管理，提供过硬质量的产品，建立良好的信誉和适宜的营销方式的同时，表现出绅士应有的风范，承担起自己应有的社会责任。

在一篇文章中，他对企业的"绅士行为"便有自己的认识：

> 企业"绅士行为"是一种与自然、社会和谐相处的企业伦理，或者说是一种能给企业带来效益的企业文化。作为企业家，应有"绅士行为"。有学者指出，从长远来看，只有那些更绅士化、更人文化、更现代化的企业才具备更强的后续竞争能力。企业越早思考并越多地承担社会责任，就越能成为长距离竞争的赢家。

这其实也就是车建新在《体验的智慧》中所谈到的"善"文化。它是给予和付出的基础，在车建新看来，给予才是人生的天堂。与此同时，善带来的幸福感也是最强的，它的大公无私、利他主义等，都是幸福的最高境界。一心向善的人，一定会体会到那种平静但充满力量感的愉悦。而企业，也一定会从伟大，走向卓越。

M

[美问]

为什么说形象就是品牌？

形象无处不在。举例来说，保洁工开门的钥匙，有一大串，每次开门大串的钥匙都会划到锁的下面，时间长了，就把门刮花了。门是什么？是我们的形象，是我们的脸面。其实可以做个盒子，把钥匙分类，要用的时候一个一个拿。我到其他城市的商场，发现也有这种情况，但大家都不注意。而我觉得，由小见大，我们员工的思想观念要跟上，形象管理要加强。品牌最重要的一点就是形象，包括员工的个人形象，比如衣服、发型、化妆等。如果妆化浓了，形象就不佳，人家一看就不舒服。我们每一个人都代表红星，形象是无处不在的。在一些公司，皮肤保养得好坏，也是一个人素质的体现。去年我在韩国，看到工厂车间的女孩，都涂口红，戴耳环，很注重形象。

——车建新：《形象从爱美开始——在部分管理人员会议上的讲话实录之一》

审美应该包括物、事、人这三个方面，那么，又该如何分别审视它们呢？

审物最广泛，包括平面的、空间的，但首先要认定哪个美哪个不美，比如说一个物体，就说一只杯子吧，这只杯子不如那只杯子漂亮，因为这只杯子造型太一般。那么我为什么认为它不够漂亮？因为它就是一只普通的杯子，除了可以盛水以外，没有一点吸引我的地方，我就认定它不漂亮。在米兰设计展上看到许多的杯子，我感觉都特别漂亮，因为它们有创意，它们不仅是杯子，还是一件艺术品，我就认定了它们很美。这也就是审美的审定。

审事就是看一件事情完美不完美，每一个人说出来的话得体不得体。这是一个更高些的层次。一篇文章写得好，就是做得很美。一个问题解决得好，也叫处理得漂亮。要学会用美来评判我们的工作和生活。我平时都是用美来要求和规范自己的，不美就不舒服。

审人，那就要求更高了。不光看人的外部形象，更要观察、判断，分析其个性、气质，以及形象定位与身份、环境等的关系，包括善良、真诚、上进这些心灵之美的元素。当然我还讲过，人的形象、素质都是硬件，要通过形象等硬件去拉动内在的软件。

——车建新：《体验的智慧》

正确的审美应该有哪些步骤？

审美应该是从认定开始的，就是当时我们眼光的确定性。它是程序，是观察你的审美对象后，审定、认定，认定以后你再去求证了解，然后再一次认定。随着我们年龄、阅历的增长，会提升或改变我们的审美，它不是一成不变的。但如果对事物的审美，时时刻刻总不认定，就等于不知道好坏，就是没有主见。

因此第一点，我们自己要认定它，好就是好，不好就是不好，不要模糊，审美不能模棱两可。比如你旅游回来，人家问：那里的风景美不美？你回答说，好像还可以，那就完蛋了。什么是美？美在哪里？在审美上，第一步都不能清晰地认定，那等于什么都没有。

第二点就是考证，是通过专家确认，不是一个人而是几个人来确认。我一直认为能够创造美的人，都是专家。通过专家的确认，然后自己再认定、再考证。几年前，我同女儿谈到审美，发现那时的她有一个错误的认识，就是对事物纯粹靠自己的感觉来判断，而不习惯请教专家。当然，自己首先要有判断，但判断后就要求证，找专家互动。如果不确定，就多找几个专家，找到优秀的专家，然后再判断，形成自己的审美。

审美还是有阶层性的。以前是科员，后来变科长，审美就会不一样，因此一定要再考证。科长升局长肯定会换家具，草根成了明星肯定要换造型，一夜暴富的肯定要换房子，业务员提升为主管肯定要换行为举止……我们在考证审美的时候，至少要涵括三个阶层。

——车建新：《体验的智慧》

审美需要自我认定，那么，主见是不是获得正确的审美的必要条件？

主见是你自己对外部世界的各种事物及人，做出你内部世界的认识和反应。不管这种认识和反应对与否，都是属于你自己的意见，因而也才有参考价值。我一直相信这句话，叫"博采众长，自作主张"，主张也就是主见。你要有吸取各种不同意见的雅量，但同时必须拿出你自己的想法来。主见也就是通过自己的思维对各种意见进行过滤与提炼，然后找出自己认为对的意见。我们无法想象一个没有主见的人怎样去生活和工作。你要是没有主见，你就无法与社会接轨，无法融入社会，更不用说参与竞争了。人无主见其实也就是自信的丧失，是自己不相信自己，失去了自我，就得了精神上的软骨病。一个丧失了主见的人，遇事必然就会无所适从，注意力就会分散，就会随波逐流、无所事事，就必将被社会所淘汰。

主见是人的灵魂，而有主见，有正确的定位也才能获得正确的审美。

——车建新：《人的大脑还需要什么营养？》

如果说庄子的审美观，是以"道"观物，追求真善美。又有人说，善即美。不过，在当下社会，美的意义已经被承认，但善的迷失却又颇为严重，那么，我们需不需要在审美为中心的同时，亦以审善为重？

善的力量和智慧会受到社会和他人的尊重，善良的人由此又会感受到这种尊重给自己带来的温暖，那他的幸福指数就会很高。

因此善绝对不是单纯的付出，而是更高层次的获得。而且善还能让你有效地抵御"七情七欲"中那些负面的诱惑与困扰。

佛教里有"善有善报"一说，应该从付出与获得的关系的角度理解才对。非功利的善才是大善，大善又带来大得。

2008 年四川汶川大地震，我们派了 36 辆车，24 小时内就赶赴灾区捐赠了大量的急需物资，之后又数次捐款。我们觉得，那种行为才是让自己最安心、最有精神力量感的，好像经历了一场灵魂的洗礼。

其实，善的回报的确也就在"善那时"。善带来的幸福感是最强烈的，它的大公无私、利他主义等，都是最高境界的幸福。

——车建新：《体验的智慧》